親がやったら、あかん!

80歳〝おばちゃん〟の野球チームに学ぶ、奇跡の子育て

棚原安子

集英社

イントロダクション

大阪の「おばちゃん」とは何者なのか？

文・谷上史朗

大阪で活動する学童野球チーム・山田西リトルウルフのホームページには、スタッフを紹介するページがある。役職とスタッフ名がびっしりと並ぶなか、トップに「会長」の棚原長一《ちょういち》、一段下に「おばちゃん」の棚原安子。その下は「名誉顧問」「代表」「連盟本部」「審判員」、さらにコーチ陣の名前が続いており、ひときわ「おばちゃん」の肩書きが目を引く。

「おばちゃん」が肩書きになる人は、日本全国を探してもそういないだろう。過去に選手数２００人を超えたこともある球児たちも、１２００名を超えるＯＢ・ＯＧも、保護者もコーチも監督も、誰もが「おばちゃん」と呼ぶ。大阪の少年野球界では知られた「おばちゃん」、それがこの本の著者・棚原安子さんだ。２０２０年1月に傘寿《さんじゅ》を迎えた80歳。世間的に言えば、「おばちゃん」というより「おばあちゃん」なのだろうが、その呼び名を使うのは棚原家に11人いる孫だけ（ウルフに在籍した孫もグラウンドでは「おばちゃん」と呼んだ）だという。

とにかく元気。飛び抜けて元気。ひょっとすると、日本で一番元気な80歳ではないかと大真面目《まじめ》に思っている。口も回れば頭も回る。グラウンドを忙しく動き回るフットワークはじつに軽快で、80歳の今もノックを打つ。町中を自転車でスイスイと移動し、スキー合宿では子どもたちの手本となり、趣味の域を超えつつある料理の腕も上がる一方。スマートフォンの各種機能も楽々と使いこなし、最近はやりの多国語翻訳機を手に外国人との会話を楽しむこともあるという。

そんなおばちゃんが約半世紀前に夫の長一さんと作ったチームが、山田西リトルウルフ（大阪府吹田市）だ。大阪の学童野球の世界で長らく団員数トップを誇り、２０１９年度も１４０名を超えた。その数には「日本一」の声もある。野球競技人口、少年野球チームの減少がささやかれるなか、一つのチームにこれだけの子どもが集まるのはなぜか。「ウルフに行けば野球も教えてもらえるし、子どもも育ててもらえる」。どうやらそんな評判が口コミで広がった結果のようだ。あいさつ・礼儀、家事の手伝い、電話の受け答えから箸《はし》の使い方まで。「自分のことは自分でやるんや！」と、おばちゃんにしつけられ、生きる力を身につけた多くの子どもたちがウルフから巣立っていった。

私がおばちゃんを知ったのは15年前。当時、追いかけていた履正社高校の岡田貴弘（現オリックス／登録名T－岡田）が3年夏を終えた時だった。ある雑誌の企画でドラフト候補として騒がれていた岡田のルーツに迫る取材を行った。そこで岡田の出身チーム・

山田西リトルウルフに行き着き、おばちゃんに話を聞くことになった。自宅にお邪魔すると、長一さん(当時チーム総監督)と岡田の思い出話を聞かせてくれた後、おばちゃんの話は子育て・親子論へと移り、一段と熱を帯びた。

「親は字の如《ごと》く、木の上に立って見てたらええんです。今はあれこれ言い過ぎ、構い過ぎ。親は先にいなくなるんやから、子どもに生きる力をつけてやらなあかんのです」

「いい大人がなんで自分のことを自分でできへんのですか。お茶当番の制度なんか、私にしたらまったく理解できない。ウルフの子たちは洗濯もお茶を沸かすのも自分でやりますよ。そんなん当たり前やないですか」

おばちゃん節にすっかり引き込まれ、初対面から長居させてもらった。おばちゃんを知らない人は、押しが強く、脂っこい、いわゆる「大阪のおばちゃん」の典型をイメージするかもしれないが、実際のおばちゃんにその種のこってり感はない。考え方も行動もテキパキ、サッパリ。歯切れのいい語り口にはむしろ江戸っぽさを感じるほどだ。

グラウンドに立ったおばちゃんはさらにパワーアップする。声を飛ばしてノックを打っていたかと思うと、野球を始めて間もない子どもたちとボール遊びを楽しみ、ティーバッティング中の選手にはトスを上げながら気合を込める。「回ってへん、回ってへん! 最後にカカトをグッと回すんや!」。現在、ウルフのチーム総監督でウルフOBでもある棚原家の三男・徹《とおる》さんが「ほんまに元気過ぎ。ぜんまい仕掛けにでもなってるんちゃうかってみんなで言ってます」と笑っていたが、まさに80歳には思えない。

今や何かと難しい時代となり、スポーツの現場でも「指導がやりにくい」とこぼす指導者も少なくない。そんななか、おばちゃんは新時代に適応しつつも、昔ながらの教えも変わらず伝え続けている。「おばちゃん」という立場だからこそ、深く踏み込み、子どもとも保護者とも本音でぶつかり合えるのだろう。過保護ぎみに育てられてきた今どきの子どもにとって、おばちゃんは周りにいないタイプの大人に違いない。しかし、ストレートなモノ言いも、厳しい指導も、自分たちのために言ってくれていることが伝わるのだろう。だから子どもたちはおばちゃんに心を開き、寄ってくる。

今のエネルギッシュな姿からすれば信じられないが、おばちゃんは小学校から高校までいじめを受けていたという。ある時、その話を聞き、思った。今も心から消えないつらい体験が、この人の子どもたちへ注がれる優しさにつながったのだろうと。任意団体を率い、地域の子育てに費やした50年の時は、まさに無償の愛の証《あかし》だ。

体験に沿った数々の教えは核家族化、少子化が進み、子育てに戸惑うことの多い保護者にとって、救いになるに違いない。一人でも多くの子どもが社会で生き抜く力を身につけるために、パワフルな「おばちゃん」の教えに耳を傾けてみてはどうだろう。

親がやったら、あかん！　80歳〝おばちゃん〟の野球チームに学ぶ、奇跡の子育て

第1章

「お茶当番」なんて必要？

1 月１０００円の会費ですべてまかなう ウルフ流・金をかけない少年野球運営術

最近は少子化のあおりを受け、少年野球の世界でも選手数の減少が止まりません。ウルフの団員数は１４０人（２０１９年度）で大阪では一番、日本でも一番と言われることがあります。それでも、団員数が２００人を超えていた時期もあり、そこから比較するとウルフも減少していることになります。

子どもの数自体が減っていますから、野球の競技人口が減るのも当然です。でも、保護者の立場からすると、子どもに野球をさせようと思わない、敬遠したくなる理由があるのかもしれません。それはお金の問題です。

野球はいつからこんなにお金のかかるスポーツになったのでしょうか。何にお金がかかるかというと、一番はもちろん道具。少年野球用の軟式バットは、性能が高いものになると1本3万から4万円もします。私の子どもたちが少年野球をやっていた40年以上前は、軟式の子ども用バットは５０００円ほどで買えました。それだけに、今の値段には驚かされます。グラブも2万、3万円するものも珍しくなく、さらにスパイク、アンダーシャツ、バッグ……。一式そろえるだけで結構な額になります。だからこそ、道具以外ではできるだけお金がかからないようにしたい、と思うのです。

ウルフの部費は１、２年生が月５００円、３年生以上が月１０００円です。ここにスポーツ安全保険（スポーツ中や関連行事中にケガをした場合、１日１５００円まで支給される保険制度）に年間８００円。ヒザ当てつき試合用ユニホーム（ウルフでは試合用ユニホームを支給します）のレンタル代１０００円、合わせて年１万３８００円を保護者に負担いただきます。ここには遠征時の保護者の高速道路料金や駐車場代も含まれます。これ以外の臨時徴収は大会で優勝した時に開く祝賀会のお弁当代程度。世間一般からすると「格安」だと言われますが、私はこれでも保護者に申し訳なく思っています。

お父ちゃんとチームを作った約50年前、部費は50円でした。その後は団員数が増えて年間の試合数が増え、さらに交通費の高騰もあって何度か値上げをしました。２０１８年までは１、２年生が３００円、３年生以上が５００円。それでも運営が厳しくなり、２０１８年から泣く泣く今の金額にさせてもらいました。

周りの人からは「土日で月に8回以上活動して、学校の休み時期にはもっと数も増える。誰も文句は言いません」と言ってもらいました。それでも、この先もできるだけ家庭の懐《ふところ》に優しい少年野球チームでありたいと思っています。

2

新聞回収のアルバイトで年間60万超を稼ぐ社会勉強と運営資金になる一石二鳥の労働

２０１９年度のウルフの団員数は約１４０人で、部費だけで計算すると、ざっと１６０万円。これで1年間の活動費がすべてまかなえればいいのですが、残念ながらノーです。とてもとても足りません。

活動費のなかでとくに何にお金がかかるかといえば、交通費です。ウチは近隣以外の球場で試合の時は保護者に自家用車を出してもらい選手を送迎していますが、ガソリン代、高速道路料金、駐車場代はチームが負担します。去年は交通費だけで最低でも年間60万。これに大会参加費や連盟登録費などで約50万。さらにウチの試合をジャッジしてくれる審判員のユニホームや装具、忘年会の費用なども出させてもらっています。

まず、野球は道具の多いスポーツで、チームを立ち上げた当初はバットもボールも数えるほど。キャッチャーミットもなく、お金の問題は常に抱えていました。

部費だけでは大赤字。これをどうしているのかというと、ウルフ独自の運営法があるのです。それは団員全員による「アルバイト」です。

　チーム創設当時、お金をどうしようかと頭をひねっていたところに、私たちが住んでいる団地の前にある棟が目に入りました。この棟に住む１６０世帯で新聞回収をさせてもらえたら、運営費の足しにできると考えたのです。すぐに一軒一軒を回って古新聞を出してもらうようお願いしました。ウルフの子どもたちが回収して、業者にまとめて取りに来てもらうわけです。今では範囲を広げ、９００戸で回収しています。

　回収は月に1回、土曜日にやります。回収する週の月曜日に各戸にビラを投函して、回収があることを知らせます。当日は当番にあたる学年が担当する部屋に行って回収。小1時間で終わります。簡単なようで休む子が出たり、行き先を間違う子が出たり……。すんなりいかない時もありますけど、キャプテンの指示に従ってやっていきます。やると決めたことはやる。簡単に休んだら他のメンバーに迷惑がかかりますから。

　ビラの投函先を間違えたり、うっかり忘れると家の人から私のところに電話が入ります。「ボーンヘッド」があった時は連帯責任で同じ学年がもう一回、ビラ配りをします。子どもだからといって、大目に見ることはありません。これは「仕事」なのですから。

　還元金は1キロあたり7円で、年間で約66万円。年間運営費の3分の1をまかなえるわけです。このアルバイトがなければ、その分を各家庭から徴収しなければなりません。子どもたちにとっては労働体験にもなり、一石二鳥。ウルフ運営の柱になっています。

山田西リトルウルフの 新聞回収アルバイト

（写真提供／山田西リトルウルフ）

毎月1回、土曜日におばちゃんの住む団地の近所900世帯を回り、新聞回収をする。この報酬がウルフの貴重な活動運営費に

月によって担当の学年が各戸を回る。不備があれば、その学年はやり直し。「仕事」である以上、甘えは許されない

回収した古紙は業者に買い取ってもらい、年間60万円超の金額になる。月1000円の部費で活動できる裏には、こんな工夫があった

ウルフの選手がかぶる帽子は3000円。子どもたちは家の手伝いをして駄賃を稼ぎ、帽子を購入する。これもウルフの流儀だ

選手が持ってくるドリンク類は、基本的に子ども自身が用意するよう指導されている。保護者の「お茶当番」はなく、見学に来たい保護者がグラウンドにやってくる

3

プロ野球選手を育てるのが目的やない「世の中で働ける子」を育てたいんや！

１９７２年にチームを作り、これまでにウルフを巣立っていった選手は１２００人を超えます。そのなかでプロ野球の世界まで進んだ選手が一人。オリックス・バファローズのＴ－岡田（岡田貴弘）です。あとでも触れますが、近所で虫捕りをしていたところに私が声をかけ、それから少しずつチームに来るようになりました。

まさかあの子がプロになるとは……という思いが今も強くありますが、プロは岡田だけ。他にも「これはすごい！」と感じた選手が何人かいましたが、プロまで進むには実力だけでなく運も必要。中学、高校と進むなかでケガがあったり、思うように活躍できなかったりするとプロの世界までは進めませんから。

でも、ウルフの一番の目的はプロ野球選手を育てることではなく、世の中で働ける子を育てるということです。ウルフのモットーは「①礼儀正しい人になる／②友情を大切にする／③野球技術を身につける」。技術は最後なのです。

お正月になると、私の家に届く年賀状は多い年には６００通を超えます。そこでなつかしいOB・OGの近況を目にするのが楽しみの一つです。えらい有名なパン屋を経営して成功してる者や、テレビ局で活躍していたと思ったら子どもの教育を考え海外に引っ越した者、高校野球の強豪校で選手を教える者……。いろんな世界で活躍してくれています。便りのなかに「おばちゃんの言っていたことが、最近やっとわかるようになってきました」と書いてあることもあります。そんな一文を目にすると、練習の合間に「世の中で働ける人間にならなあかんぞ！」「社会で通じる人間になれよ！」と口うるさく言い続けてきた効果も少しはあったかな、とうれしくなります。

毎年12月になると、中学3年生、高校3年生になったOB・OGを私の家に集めてクリスマス会をやります。翌年から新たな道へ進む教え子たちに原点を思い出してもらいながら、私からもいろいろな話をします。私のなかでは「20歳になるまでは私の子ども」という感覚で見守っているので、中学、高校の頃はまだまだ気になります。

今はまた難しい時代になっていて、チームの保護者を見ていても子どもを育てるという親としての役割をなかなか果たしきれていないと感じることもあります。そういう時代でも、OB・OGが人間的に成長して世の中でしっかりと働き、また次の世代を育てていってもらいたいと思います。そのためにも、ウルフとしてはこれからも世の中で働ける人間作り。ここを第一に求めてやっていきます。

年末に開催されたクリスマス会の様子。会が始まる前に保護者が集まり、大量の焼きそばを調理するなど祭りのような熱気に

OB・OGのために用意したデコレーションケーキは、おばちゃんの手作り。「膨張剤なんか一切使ってない」と語る自信作だ

卒団して6年がたつというのに、この日は40人中23人のOB・OGが参加。近況や進路を報告し合い、保護者制作の思い出VTRに見入った

クリスマス会に参加したOB＆OG（高校3年生）のコメント

「おばちゃんには感謝しかありません。もともと人の言うことを聞きたくない人間だったので。ウルフで学べたからやりたいことを見つけて、就職までできました」（山田希歩）

「おばちゃんに『わからないことがあったら家に帰って調べろ』と言われて、調べる習慣がつきました。基礎を作ってくれたのはおばちゃんです」（東原賢征）

「小学2年の時、友達とキャッチボールしていたら、通りかかったおばちゃんに『ウルフで野球やらへん？』と声をかけてもらったのが、僕の野球の原点です」（鈴木駿大）

「おばちゃんの言っていたことが今になってわかることがよくあります。社会に出てもきっと増えるんでしょうね」（宮本陽生）

「おばちゃんに野球以外の礼儀作法を教わったことが印象深いです。食卓に箸を並べることやユニホームの洗濯は今も自分でやっています」（糸瀬航平）

（撮影／菊地高弘）

4

自分のユニホームは自分で洗う
小学1年生でも自分で洗濯させる理由

ウルフは「野球を通し世の中で働ける子を育てる」「社会で生きる力をつける」という理念を持って活動していますが、世間は逆に向かってるなぁ……と感じることがよくあります。この間もテレビを見ていると子どもが脱いだ服を洗濯機に放り込み、それをお母さんが洗濯するコマーシャルが流れていました。洗濯洗剤の宣伝だったのですが、私はテレビの前で思わず「これおかしいやん」とボヤいていました。

何がおかしいのか。私にすれば「どうして子どもが自分の服を自分で洗濯しないのか」と思うのです。こう書くと「え？」と思う人がおそらく大半でしょうが、そこがそもそもおかしいのです。今の親の多くは、子どもの身の回りのことをなんでもやってあげることが優しさと勘違いしている。でも、それが本当に子どものためになりますか？

ウルフでは子どもたちに自分のことは自分でやらせます。洗濯や食事の準備、片付け、練習に持ってくる飲み物の用意。子どもたちにも保護者にも普段から徹底して言っています。小学1年生だろうと例外ではありません。子どもの時に自分のことを自分でやる習慣をつけておかないと、大人になってから習慣を変えるのは大変ですからね。

洗濯といっても、私の子ども時代は洗濯板を使ってこすり洗いをしていましたが、今は洗濯機に洗剤を入れて、ボタンを押せばあとは干すだけ。子どもでも簡単にできます。これをなぜ本人にやらせないのか。親が当たり前にやってしまうから、子どもは「これは自分がやる必要はない」と理解して育っていってしまう。生きる力を身につけないまま大人になってしまうのです。これは「たかが洗濯」という話ではありません。

私の5番目の息子は25歳の時にカバン一つを持ってイギリスへ渡りました。仕事が決まり、安定するまでは私も心配で経済的な援助はしましたが、生活面の心配はまったくありませんでした。英語はまるで話せなくても、掃除、洗濯、炊事といった家事はきっちりできる子だったからです。家事ができれば生活が大きく崩れることはありません。身の回りのことができるということは、我が身を助けるということでもあるのです。

前述の洗剤のコマーシャルが、子どもが自分で洗濯をして最後に「お母さん、これいい洗剤や。メッチャ汚れ落ちたわ」と言うなら、私も「ええコマーシャルや！」と感動したことでしょう。球児の保護者にはぜひ、今の世の中の当たり前を当たり前と簡単に思わず、社会で生きる力を持った子どもを育ててほしいと思います。

5

バットの持ち方より箸の持ち方を学ぶべし
小学生のうちに学んでおきたい社会の作法

生きていくうえで個性が求められる場面では、どんどん自分らしさを出して表現すればいいでしょう。しかし、世の中には個性とは別に「常識」というものがあります。これは社会を生きるうえで誰もが身につけておくべきもので、備わっていなければ周囲にマイナスな印象を持たれる場合もあるかもしれません。私が子どもたちにうるさく言う常識の一つに、箸の持ち方があります。

子どもたちと弁当を一緒に食べていると、たまに「それでどうやって食べるんや？」とびっくりするような箸の使い方をする子どもがいます。なかには5本の指でわしづかみにしている子もいて、あきれてしまいます。そんな場面を見てまず不思議に思うのは、「なぜこの持ち方をこれまで誰からも直されずにきたのか？」ということです。

まさか親を含め家族全員がこのわしづかみなのか、親が子の箸遣いを正そうとしたけど食べにくいとぐずられたり、反抗されて放置したのか……。いずれにしてもこの持ち方で大人になり、社会に出ていけば子どもが困り、恥をかくのです。どうして正してやらないのでしょうか。

社会に出ればいろんな人と食事をする機会が増えます。会社勤めをすれば社長や上司、得意先の担当者、あるいは結婚相手の家族と食事をすることもあるでしょう。そんな時に奇妙な箸の持ち方や使い方が相手方の目に留まり、マイナスな印象を持たれたら本人が損をするだけです。

なかには「箸の持ち方なんか何でもいい」という人もいるでしょう。そんなもので人間の中身を判断されたらたまらない、という声もあるかもしれません。しかし、多くの人が当たり前にやっていることをせずに「個性」や「自由」と考えるのは、私は違うと思います。個性という聞こえのいい話ではなく、常識の話だと思うのです。

食事で箸と茶碗を使うのは日本の文化です。上手に、美しく使いなさいと言っているわけではありません。日常的に使うものなのだから、ごく普通に使えるようにしましょう、ということです。

「あれ、この子、ちょっと箸の持ち方がおかしいな?」という子をたまに見かけるくらいなら、私もたまたまだろうと、その子にだけ教えてやればすみます。ところが、年々、普通に箸を使えて、茶碗を持てる子どもが減ってきていると感じます。ウルフでも少し前にこんなことがありました。ある時、私が子どもたちと弁当を食べていると一人、二人、箸の持ち方が気になる子がいたので、食事をストップさせて全員の持ち方を確認しました。そうしたらなんと、学年の16人中15人が一般的に言えば正しくない持ち方をしていたのです。これには驚きましたけど、「ああ、今はここまで教えられてないのか」と現実を知る機会にもなりました。

こんなこともありました。かなり前の話ですが、あるお母さんが入院をするからというので男の子を1カ月ウチで預かったことがありました。この子がまたおかしな箸の持ち方をしていたので、食事のたびに私が徹底して直しました。何日かすると「おばちゃん、今日だけは俺の握り方で食べさせて。腕の筋が張って食べられへん」と泣きつかれたのでその時だけは許しましたが、1カ月後にはきっちり修正。大人になって会った時には「今は俺が子どもに箸の持ち方を教えています」と笑っていました。常識、マナーといったところはできるだけ早いうちに身につけさせる方がいいし、結果的には本人も楽になる。後になるほどクセがついてしまって、箸の使い方一つでも直すのが簡単ではなくなっていくからです。それに、中学、高校と進んでいくと箸の持ち方を注意してくれる人も周りにいなくなっていくので、直す機会も失ってしまいます。

それにしても、私たちの時代は箸の持ち方がおかしいという子はほとんどいなかったと思います。貧しい時代ではありましたけど、そういうところは各家庭で〝常識〟としてしつけられていました。いや、しつけという以前に「当たり前のこと」として子どもも身につけていたと思います。それが今は家庭教育がどんどんあいまいになって、当たり前が当たり前ではなくなってきています。

食事の話が出たところでもう一つ〝常識〟の話をさせてもらいます。それはご飯の食べ方についてです。子どもたちのなかには自分の好きなもの、食べやすいものを続けて食べる子が結構います。これも早めに直しておきたいクセです。おかず、白ご飯、吸い物を順に食べる、よくいう「三角食べ」をできるように親は教えてあげることです。これも「最終的に出されたものを全部食べるなら、順番や食べ方なんかどうでもいいじゃないか」という人もいるでしょうが、一つの食事のマナーです。

あとは背中を丸めて食べるような姿勢や、右利きの子が茶碗や皿に左手を添えずに食べる「片手食い」も正しておきたいポイントです。各家庭で子どもに野球を教えるのもいいですが、野球の基本の前に生活していくうえでの〝当たり前〟もしっかり教えてほしいと思います。

6

買い物時は常に団員募集のチラシを持参 道端で「野球やらへん？」と選手集め

私とお父ちゃんと5人の子どもと、吹田にある今の団地に引っ越してきたのが1972年。そこですぐにウルフを作りました。最初にメンバーになってくれたのは、近所で壁当てをやっていた数人の子どもたちでした。

「なあ、おばちゃんら野球チームを作ろうと思ってるんやけど、一緒にやる？」

この誘いに乗ってくれ、当初は6年生から幼稚園児までの10人が集まり、チームとしての形ができました。それからさらに団員を集めようと、近所に買い物へ出かける時も常に団員募集のチラシを持ち歩き、子どもの姿を見かけては誘っていました。この界隈《かいわい》では「昼間にチラシを配って歩いてるおばちゃんがいる」と、すぐ知られるようになったみたいです。

いろんな子が誘いに乗ってチームに入ってきてくれましたが、オリックス・バファローズのT－岡田もその一人でした。当時から飛び抜けて大きな体をしていましたが、おっとりした感じで、初めて会った小学2年生の頃、岡田は網を持って虫捕りをしていました。声をかけてしばらくは友達やお父さんと来たり、来なかったり。それが3年生になってから続けて来るようになり、練習を一生懸命するようになっていきました。

当時、岡田の学年には同じ左打ちで体の大きな子がいて、上級生になったらどちらをファーストにしてどちらを外野に持っていこうかと考えていました。するとそのライバルが名古屋に転校となり、岡田がファーストで4番打者になったのです。まさかプロにまで行って、ホームラン王を獲《と》るだけの選手になるとは思わなかったですが、スイングも打球も他の選手とはレベルが違っていました。

岡田の家はお父さん、お姉ちゃんがバレーボールでお兄ちゃんがバスケットボール。聞く限り野球には無縁の家のようなので、もし、声をかけてなかったら……、岡田が誘いに乗ってなかったら……、野球の道に進んでいたかどうか。縁を感じます。

噂が噂を呼んで、私が吹田の小学校を全部回って子どもを勧誘しているように言われることもありますが、そんなことはありません。ただ、大好きな野球をいっぱいの子どもたちといつもやっていたい。そんな思いから、子どもを見たら今でもすぐ声をかけたくなります。今日もまた「令和バージョン」のチラシを作って、近所をウロウロします。

少年野球部員募集

令和元年 ~~平成３０~~年４月吉日

来れ！野球少年！野球が大好きな君！野球をやって見たいなアと思っている君！
“リトルウルフ”に入って見ませんか。山田西リトルウルフ少年野球部は　創部４７年の伝統があり、多くの先輩たちが見守って応援してくれています。
また、君のお友達も沢山入ってますよ。山三小、山五小、西山田小の校区の子供達が集まり、毎土・日曜日に元気で仲良くプレーを楽しんでいます。野球の経験のない人も、少女も大歓迎です。今すぐ　代表宅へお電話下さい。

山田西リトルウルフのモットーは
1．礼儀　正しい人になること。
2．友情を大切にすること。
3．野球術を身につけること。

野球を通じて、心身ともに健全な育成と何事にも積極的に行動するを目的として、指導しております。

チーム名　山田西リトルウルフ少年野球部
所在地　[redacted]
ＴＥＬ　[redacted]
代表者　棚原　長一・安子
会　費　年会費１２８００円（１０００円／月、スポーツ安全保険　８００円／年）。
１・２年生は年会費６８００円（５００円／月、スポーツ安全保険８００円／年）
会費は２期に分けて徴収する。
練習日　土・日曜日と祝日で、小・中学校の校庭など。
入部資格　山三小、山五小、西山田小学校区の１年生以上で、男女は問いません。
主な活動　吹田東部連盟、吹田市少年野球協会、千里ニュータウン連盟、東淀川・西淀川・此花・大正など友好連盟が開催する各大会に参加しております。

……………………　キ　リ　ト　リ　線　……………………

児童名《フリガナ》＿＿＿＿＿＿＿＿　生年月日＿＿＿＿＿＿＿＿

親御様名＿＿＿＿＿＿＿＿　生年月日＿＿＿＿＿＿＿＿

住　所　吹田市＿＿＿＿＿＿＿＿　☎（　　　）－＿＿＿＿
携帯　　－　　－

おばちゃんが常に買い物の際に持ち歩いている、ウルフ勧誘のチラシ。親子連れを見かけると、「野球やらへん？」と声をかけるのが日課になっている

山田西リトルウルフのOB
T－岡田（岡田貴弘）選手

（写真提供／岡田秀和）

1988年2月9日生まれ、大阪府吹田市出身。山田西リトルウルフで野球をはじめ、大型の一塁手として活躍した。中学では箕面スカイラークに所属。履正社高では「ナニワのゴジラ」の異名を持ち、高校通算55本塁打を放った。2005年高校生ドラフト1巡目指名を受け、オリックス・バファローズに入団。プロでもスラッガーとして活躍し、2010年には33本塁打を記録して本塁打王に輝いた。2019年にプロ通算1000安打を達成。2020年4月19日現在、NPB通算1088試合に出場し、打率.261、170本塁打、583打点を記録している。

7 どんな子どもでも運動音痴はいない 最低でも中学で「体育3」は取れる

最近は近所を歩いていても、すっかり子どもの姿が少なくなりました。それでも、今もタイミングを見計らっては子どもに声をかけます。

「おばちゃんと一緒に野球やらへんか」

すると隣にいるお母さんから、こんな反応が返ってくることがあります。

「ウチの子は運動音痴なので、野球なんてとても無理です」

もしくは、ウルフのことを少しわかっている親になると、ウルフが大会でも勝ったりしている情報を知っているのでしょう。こんな反応になります。

「ウチの子がウルフでやるなんて絶対に無理。とてもそんな力はありません」

ウチは野球経験ゼロ、ボールを1メートルも投げられない子どもも普通に入ってきますし、男の子だけでなく女の子も早い時期から預かってきました。誰でもウェルカムのチームなのです。どうやら、周囲でイメージがふくらんでしまっているようです。

子どもはやればやっただけうまくなります。逆に運動能力がないと本人や保護者が思っている子には、「ここまでやってきていないからやれないだけ」ということをわかってもらいたいのです。「ウチの子は運動音痴なんで野球なんて無理です」という保護者がいますが、これまで多くの子どもを見てきた私からすると、この世に運動音痴の子どもなんていません。こう書くと、「そんなことないでしょう！」という声が飛んできそうですが、ここは自信を持って言います。運動音痴の子どもはいません！

当たり前のことですが、人間は動物です。動物に運動音痴がいるでしょうか。多少、他に比べて足が遅いとか、動きが俊敏じゃないという個体はあっても、明らかにどんくさい個体はいないでしょう。動物の世界でもし運動音痴がいると、他の動物にすぐ捕まったり、崖から落ちたり、生死にかかわります。死なないために、動物の親は子どもが生まれた時から一生懸命、どの子も等しく鍛え上げるのです。

人間の親が言う「運動音痴」とは、多少の遺伝はあるとしても一番は運動能力が発達していく幼少期に十分な運動をさせてこなかったことが原因だと私は思います。今は昔ほど外で遊び回っている子どももいない。これは運動が不得意な子どもが増えた大きな理由でしょう。

小学校での体育の授業では球技でもマット運動でも、45分間の授業中に実際に個人が運動している時間は3分とか5分程度でしょう。これでは運動能力は上がっていきません。小学校に入った時に運動が苦手な子は自分で体を動かし、鍛える時間を持たないと苦手なまま卒業していくしかありません。そして12歳を超えていくと、運動能力は鍛えようとしてもなかなか上がっていかなくなります。

そうならないためには、幼少期か小学校のできるだけ早い時期にどれだけ体を動かして運動するかにかかっています。ここでしっかり運動しておけば、少なくとも中学校や高校でごく普通に運動ができるくらいまでにはなります。だから「ウチの子は運動音痴なんで……」という親に私は言います。

「じゃあ、今から運動して、中学の体育で『3』を取れるようにしましょう」

たとえずば抜けた能力ではなくても、基本的な運動能力があるかどうかでその子の人生が変わってくることはあります。たとえば高校受験の時に主要5教科の成績に差がなければ、副教科（保健体育、技術家庭、音楽、美術）の評価がかかわることもあるでしょう。体育以外の科目は、後から頑張ればある程度は成績を上げられます。でも、体育の実技だけは中学、高校から上げるのは極めて難しい。12歳までに子どもの基礎的な運動能力を身につけさせ、中学、高校の体育の科目で最低でも「3」の成績を取れるくらいにしてやりたいものです。野球をやるということは、運動の入口にもなるのです。

それでもまだ強情に「私たち親が二人とも運動音痴なんで、これは遺伝で間違いないです」と言い張る親もいました。そういう親ほど、子どもに積極的に運動をさせていないだけなのです。そもそも、運動音痴と思い込んでいる親も幼少期を振り返ったら、やはり運動が得意な人に比べて外で遊んだ経験が少なかったのではないでしょうか。

実際に「夫婦そろって運動が苦手」と言って連れてきた子が、ウルフで最後は見事に野球ができるようになっていました。親の運動が苦手だからといって子どもも苦手なはず、と決めつけない。私のせいでこの子も運動が苦手なんだ……と思い込まない。親の解釈で子どもを運動から遠ざけることが、子どもにとって一番の不幸なのですから。

8

「お茶当番」なんて廃止せぇ！お母さんの不安解消が家庭円満につながる

子どもが少年野球チームに入る前に、お母さんたちが気になる一つの要因は、「チームに当番があるかどうか？」ではないでしょうか。中学のクラブチームでは多いと聞きますが、当番とはお母さんたちが交代で選手や指導者のために飲み物や、時には昼食などを準備するシステムのことです。

ウルフではチーム創設当初から一度も当番制を設けたことがありません。入団を検討している保護者に「当番はありますか？」と聞かれた時にそう言うと、ホッとした顔になる人も、時に「ないんですか！」と少しびっくりしたような顔になる人もいます。それだけ当番制を取っているチームが多いということなのでしょう。

なかには共働きで土日に仕事がある人や、家庭の事情で土日に時間を確保できない人もいるはずです。もちろん、平日に働いたり、家事や介護で疲れているので土日はゆっくりしたいという人もいるでしょう。そんな人たちにとって、この当番制は少年野球への入団をためらわせる一因なのだろうと思います。

私は、どうして少年野球でそんな当番制が必要なのかがよくわかりません。ウルフの場合は常々「自分のことは自分でやりなさい」と子どもたちに言っているチームです。それなのに、指導者が保護者からお茶や食事を出してもらっていたら、子どもに対する教育になりません。何より、お茶なんか自分で沸かすなり、大人なら買ってくるなどして、自分で準備をしたらいいことじゃないですか。

練習終わりに私が選手の前で話をする時に「自分のことは自分でするんやで！」といつも言いますが、たまに子どもと並んで聞いているおっちゃんのコーチから元気のいい声が響いてくることがあります。

「僕も洗濯します。お茶も沸かします。おばちゃんの教えを実行しています！」

そうしたら、また別のコーチが「子どもだけやなくて、大人も育ててもらってます！」と言うんです。

監督でもコーチでも保護者でも、自分のことは自分でするのがウルフというチームです。上に立つ者が見本を見せないと、子どもに対して説得力が出てきません。保護者の方々には試合になると自家用車を出してもらって選手を送ってもらったり、お世話になることがありますが、無駄な用事は増やさない。いつもそう思っていますから、お茶当番は当然、この先もウルフには不要です。

9

親離れ、子離れの第一歩
「大阪駅まで一人旅」の伝統

たまにOB・OGが集まると「おばちゃん〝アレ〟まだやってんの?」と聞かれます。私が「もちろん、やってるで」と返すと、なつかしそうな顔になったOB・OGたちの思い出話が始まります。〝アレ〟とは何か。それは4年生に上がる前の春休みに子ども一人で電車に乗って、大阪駅へ行って帰ってくるというウルフ名物〝一人旅〟のことです。

親とすれば、はじめの頃は子どもに近所のお使い一つさせるのも心配なところ。でも、助けてばかりではなく、自分の足で立って歩かせることが大事だと思うのです。自立のための一歩になれば……と始めたのが、今から30年以上前のことでした。

ウルフは吹田市を拠点としたチームなので、吹田近辺に住む子なら最寄り駅から大阪駅まで電車で15分程度。乗車時間は長くはないですが、電車に乗る機会がまだ少なく、まして人であふれる大阪駅まで行って帰ってくるとなると、8歳、9歳の子どもにとってはちょっとした一大イベントです。

きっかけは15期生のキャプテンでした。ショートを守って頑張っている子だったのですが、ランナーがサードにいる時に限ってエラーをしていました。それで私が「度胸づけに大阪駅まで行ってこい！」と言ったのが始まりでした。家に帰った子どもから報告を受けたお母さんが、興奮して私に電話をしてきました。

「おたくはようけ子どもがおるからいいけど、ウチはなけなしの一人っ子。何かあったらどうするんですか！」

えらい剣幕でしたが、子どもが生まれた時から「子育ては覚悟を持ってやらなあかん」と私も腹に決めてやってきていました。だから「子どもの身を案じてばかりでは子は育たん。死ぬ気で覚悟を持って育てなあかんのです！」と言いました。

そうしたら少したったある日。午前の練習にキャプテンの姿がありません。合間にお母さんに電話して「どうしたんですか？」と聞くと、「今、ウチの子はそれどころじゃない。昼から大阪駅に行くと言って、朝から胸がドキドキと言うてるんです」と言ってきました。

これを聞いて、やっと決心したか、と結果報告を楽しみにしていました。当日だったか次の日だったか、本人がグラウンドに来て、「行ってきました！　証拠に大阪でタイ焼き買ってきました！」と土産を持ってきてくれたのです。「どうやった？」と聞くと「自信つきました、もう一人で電車にも乗れます」とうれしそうな顔で言いました。

いつも子どもたちには「行き帰りの道も親に聞いて行くんやない。切符の買い方から勉強、全部自分で調べて、責任持って行ってこい！」と言って送り出します。

最寄りのＪＲの駅から電車に乗って大阪駅に出て、帰りはＪＲではなくできるだけ阪急電車で帰ってくる。大阪駅から阪急電車・梅田駅までは少し歩かないといけません。そうなると、道を聞く必要があるかもしれません。ここでまた学ぶのです。

道を聞くとなれば、誰に聞いたらいいかも考えます。大袈裟ではなく、自分の命を守るためにも考えなければいけません。優しそうに見えても恐ろしいことを考えている人が残念ながら世の中にはいます。それで戻ってきた子どもたちに、「どんな人に道を聞いた？」と聞くと、駅員さん、おまわりさん、子どもを連れているお母さんという答えもあったりで、結構考えているなと感心させられます。

梅田駅は乗り口も多くて、阪急電車も普通、急行、準急、特急、通勤特急……といろいろ。過去には行き先の違う電車に乗って、神戸や京都の方に行った子もいました。迷って途中下車して、また乗って何とか最寄り駅まで戻って精算しようとしたら、お金が足りなくなったという子もいました。でも精算機の前で困って立っていたら、ある大人が「どうした？」と声をかけてくれたそうです。事情を伝えるとお金を貸してくれて、改札を出ることができた。こんな親切にあうのも経験なのです。

ウルフの帽子をかぶった状態で行かせているので、たまに卒団生の保護者が子どもに声をかけてくれることもあるようです。「あんた、ウルフの子やろ。おばちゃんに言われて大阪駅に行ってきたんか？」。子どもたちは経験を積むことで強くなり、考える頭も育っていきます。

これまで大阪駅往復を経験した子どもに聞くと「あれで一人で行動する勇気を持てるようになった」とか「あれからどこでも行ける気になった」と言う子が多いです。実際に大阪駅まで行って戻ってきた子どもはもちろん、子どもを信じて家で待った親も度胸がつくわけです。

先のキャプテンの一件で、「これはええな」と思い、それから〝一人旅〟の伝統は30年以上も続いています。今は子どもに構いっきりの親が多く、子どもも親に甘えて頼りっきり。だから「親子を一回離さなあかん」というのが私の持論です。本当は1年生から大阪駅に行かせたいのですが、それは難しいという声もあるので、4年生に上がる前の春休みにやっています。

過去には大阪駅まで子どもの後ろからついていった保護者もチラチラいるみたいですが、親も子の姿を見るとたくましく感じて、その後の接し方も変わっていくはずです。強要できない時代ではありますが、できるだけ続けてやっていきたいと思っています。ドキドキしながら自分の足で歩こうと頑張っている子どもたちを、地域の大人がしっかり見守れる社会でないとあかんでしょう。

忙しくても手軽に作れる
おばちゃん特製料理レシピ①

中華おこわ

材料／分量(4～5人分)

鶏もも肉	150g
干しシイタケ	20g
キクラゲ	10g
ニンジン	90g
タケノコ	90g
コンソメ	1/2個
餅米	2合半
しょうゆ	大さじ2.5
酒	大さじ2.5
ごま油	大さじ1
水	250cc

おばちゃんのワンポイントコメント

しょうゆと酒は、米1合につき大さじ1杯が目安です。レンジを2回かけるのは、1回だけやと表面の米が硬くなり、底の米に電磁波が届きにくいためです。

※加熱時間は500～600Wのレンジ使用時を想定していますが、機種によって異なります。

作り方

干しシイタケ、キクラゲを水を張った容器に入れ、レンジに3分かけゆで戻し、鶏もも肉、ニンジン、タケノコとともに幅5mm、長さ1.5cm程度に細く切る。餅米以外の材料と調味料を耐熱容器に入れて混ぜ、最低30分水に漬け置いた餅米を入れて混ぜる。水を250cc入れてレンジに15分かけ(※)、底から掘り返すように混ぜて再びレンジに5分かける。

第2章

子育ての極意は動物に学べ

10
人格ができ上がるのは12歳まで 後悔しても遅い子育てのタイムリミット

私は2男2女の末っ子として生まれました。終戦翌年の１９４６年に小学校に入学しています。子どもの頃は、食べるものも着るものもなく、とにかく貧しかった。小学生のうちから買い物、洗いもの、洗濯に障子張り、布団作り……と家の手伝いは何でもやっていました。だから小学6年生の頃には、精神的な部分を含めて自立していたと思います。この経験があったからこそ、「子どもでもやればできる。自分のことは自分でやるべき」という考えが強くなっていったのでしょう。

12歳までに何を身につけるかで、その後の人生に大きく影響する――。それが私の持論です。私自身の体験だけでなく、５人の子どもを育てた経験、そしてこれまで１２００人以上の子どもとかかわってきたウルフでの経験から、自信を持って言えます。人としての基礎・基本ができ上がるのは、生まれてから小学校卒業までの12年間。この12年間こそ、本当に大事な時期なのです。

人としての基礎・基本とは人間性、思考力、道徳心、コミュニケーション能力といった部分から、社会の常識や運動能力、金銭感覚といったものまで。つまり生きていくための土台です。ウルフに入団した子どもたちや保護者には、このあたりから繰り返し話していきます。人としての基礎・基本を身につけるための第一歩が、「自分のことは自分でやる」ということなのです。

「ペット生活は今日からやめなあかんで」

少々言葉は荒いですが、私は小学1年生でウルフに入ってきた子に必ずこう言います。親に何でもやってもらってきた生活はここまで。これからは自分でできることは自分でやりなさい、ということです。

具体的に何をやるかというと、ユニホームの洗濯、食器の準備と後片付け、練習用のお茶を沸かすことなどです。すぐにはできなくても、やろうとしなければいつまでたっても人任せのまま。チームの保護者にも「自分のことは自分でやらせてください。家の用事はどんどんさせてください」とお願いします。

同時に、身につけておくべき常識として、箸と茶碗の正しい持ち方、あいさつと返事、固定電話での話し方といったものを覚えさせていきます。箸の使い方は24ページで触れた通りですが、あいさつ、返事も今は気になることが多いです。大人が話しかけても「はい」ではなく「ふん」「うん」と返事する子が年々増えています。あまり親しくない大人が話しかけても「ふん」や「うん」なのですから、親に呼ばれた時はなおのことでしょう。そういう子どもは親に対して「目上」という感覚がないのでしょう。親の呼びかけに対して「はい」と答える習慣を家庭からつけていかなければいけません。

最近は携帯電話を使う人がほとんどのため、固定電話を使う人は減ってきています。それでも、やはり受け答えは身につけておきたい常識の一つです。自宅の固定電話にはいろんな人からかかってきますから、言葉遣いや受け答えのマナーを学ぶにはいい機会です。普段友達や家族と話すものとは違う丁寧な言葉を使い、電話を切る時は最後に「ありがとうございました」「失礼します」といった言葉をかける。さらに、相手が年上の人なら自分が先に受話器を置かない。自分からかけた電話は相手より先に切らない。こういったマナーを覚えていきます。

箸の使い方、あいさつ、返事、固定電話の受け答えは、野球には直接関係のないことでしょう。それでも、将来社会に出た時にあわてず役に立つスキルになります。できるだけ早いうちにしっかり身につけておきたい部分です。

当然ですが同じ小学生といっても低学年と高学年では雰囲気がガラッと変わります。低学年の子たちは私が「おはよう!」と言うと「おばちゃんおはよう。あのな、昨日な……」と元気よくあいさつを返してくれて、その後もどんどんしゃべってきます。

これが5、6年になってくると、こちらが「おはよう」と元気よくあいさつしても、目線を合わさずすれ違う時にぼそっと「おはようございます……」とつぶやくだけ。自我が芽生え始めると感じが変わってきます。さらに中学生になるとその傾向はますます強くなり、親の言葉も素直に耳に入っていかなくなります。

そうなってから人としての基礎・基本を教え込むのは至難の業です。たとえ我が子であっても、考え方や行動の部分を修正するには相当なエネルギーが必要になります。以前、親の手を焼かせたヤンチャな子がウルフにいた時、私もお母さんと連携を取って動きながらよく言っていました。「お母さん、あと1年です。12歳までに修正しておかんと、後が大変。なんとか引っ張り上げていきましょう」と。当時、その子は5年生だったのですが、なんとかギリギリのところで間に合った記憶があります。

子どもの人格ができるなかで大事になってくるのは、どれだけ多くの大人に愛情をかけてもらったかということ。愛情がいき渡ってないと、人間的な未熟さが残ってややこしいことになります。親はもちろん、親以外の大人からも愛情を受けることがとても大切です。まずは家庭のなかで親が愛情深く育て、さらに子どもを温かく見守ってくれる大人の目を増やしていきましょう。

11
「親」という漢字はどう成り立っている？13歳から17歳は「木の上に立って見る」

子どもにとって13歳から17歳の頃までは「反抗期」と呼ばれる時期です。最近は「友達親子」といった呼び方もあったり、中学生、高校生の男の子でもお母さんに反抗することなくベッタリ……というケースが増えているようです。私からすると、反抗期も自我形成の過程ですから、むしろ反抗期がない方が怖いと感じます。

一般的には親の存在を煙たがるようになるのがこの時期です。ウルフを卒団していった子どもの親から「私が言っても全然聞かないので、おばちゃんから話をしてやってくれませんか？」と頼まれることもあります。

不思議なもので親があれこれ言うと聞かない子でも、親以外の大人からの言葉は素直に聞くケースが多いのです。子どもの扱いに困った親は、他の大人に頼る。これを覚えておくといいでしょう。

私の子どもらが学生だった頃は、ヤンチャっぽい友達もよく家に来て居心地よさそうにしていました。でも、その子らも自宅では親を困らせていたのでしょう。とはいえ、それが反抗期というものです。

だから、私はよくウルフの保護者にこう言います。

「子どもが13歳から17歳の間、親はモノを言う時期やない。この時期は『親』の字の通り、『木の上に立って見る』。それだけでええんや」

子どもが親に何か求めてきた時には、思っていることを発すればいい。でも、求めていない時は何を言っても聞かないものです。親は口をつぐんで、見守っていること。思春期の子に「どこに行ってた？」「誰と遊んでた？」などと聞いたところで、まともな返事は返ってきません。むしろ聞くことによって、お互いよけいにカリカリするだけ。それなら、聞かない方がいいのです。

反抗期が終われば子どもは落ち着いてきて、親の苦労や思いも理解できるようになっていきます。だから13歳から反抗期が終わるまでの5～6年間、親は「木の上に立って見る」。ここに徹することです。

そして、反抗期に入った子どもは親の話を聞かない可能性が高いからこそ、12歳までにしっかり人としての基礎・基本を身につけておくことが大切なのです。

12
家庭は小さな社会 年功序列は何も悪くない

12歳までに身につけておきたいものの一つに「年功序列」があります。

今の時代に年功序列と聞くと、いき過ぎた上下関係を想像して嫌悪感を抱く人もいるでしょう。しかし、私が言う年功序列は年長者を敬い、組織としての秩序を保つためのごくまっとうな上下関係のことです。

棚原家では子どもたちは小さい時から家庭内で年功序列の関係性をしっかり作り、学ばせていきました。４男１女の５人きょうだいは長男の一言で動くようになり、４人の弟、妹は長男に対し一目置くようになりました。５人それぞれに難しい時期はありましたが、きょうだい間でもめることはほぼ皆無。一度だけ三男の徹（現・ウルフ総監督）が長男に向かっていったことがありましたが、それ以来、我が家からきょうだいゲンカは一切なくなりました。５人の関係性は今も変わらず、極めて良好です。

５人の長として長男に権限と責任を与えましたが、それで長男が偉ぶることもありませんでした。それは、まとめ役としての役割、注意点を折に触れて語って聞かせていたからかもしれません。組織というものは長をしっかり定めてまとまれば、不要なもめ事も起きません。仮に起きたとしても、トップがしっかり裁けばこじれません。

家庭内の長はもちろん、お父ちゃんです。お父ちゃんが働いていた頃は、仕事が終わって家に帰ると居間でいつもの指定席につき、そこへ娘が冷やしておいたコップを出し、ビールを注《つ》ぐのが習慣になっていました。ある日、息子の一人が「俺らは家でも動いてるのに、父ちゃん全然動けへん」と私にぼやいたことがありました。これを私は一喝しました。

「お父ちゃんは一生懸命社会で働いて、お金を稼いでくれてるんや。家ではお父ちゃんをゆっくりさせてやれ。文句を言うことはならん！」

今は一人っ子や一人親も多い時代。我が家のような関係性を作ることはなかなか難しいかもしれませんが、お父さん、お母さんをしっかり立てることは教えないといけません。今は「友達親子」という呼び方もあるように、親子の上下関係の境界がなくなっている家庭もあるようですが、私は疑問に思っています。

家庭は社会の縮図。いくら時代が変わってきたといっても、社会に出れば当然、上下の関係はあります。年長者との付き合い方をまずは親子、兄弟のなかでしっかり身につけさせてやることが、子どもたちにとって大事だと思います。

13 「おばあちゃん子は三文安い」気をつけたい祖父母のふるまい

ウルフの練習が終わると、私は最後に選手を集めて話をします。すると終わった後に子どもから「おばちゃん、さっきのなんていう意味?」と聞かれることがあります。私はことわざやたとえ話をよく使うのですが、子どもに伝わらないことがあるのです。

ある時「おばちゃんの目は節穴やないで! どこからでも見てるからな!」と言ったところ「おばちゃんって後ろにも目がついてんの?」と、後ろからシャツをまくりに来た子もいました。子どもにとって話を聞くということは、言葉の勉強でもあります。

子どもはおろか、保護者すら知らなかったと最近わかったのが「おばあちゃん子は三《さん》文《もん》安い」ということわざです。お年寄りに育てられた子どもは甘やかされて育つことが多く、値打ちが三文下がってしまうという意味です。

私は保護者に、「子どもを甘やかさんとってください」と伝える時にこのことわざを使っていたのですが、実は保護者も意味をわかっていなかったのです。考えてみれば、そもそも「三文」の通貨価値がわからない時代ですからね。

とはいえ、このことわざの意味は現代にも通じています。私からすれば、今はお父さんもお母さんも子どもに対して甘くなり、そこにおじいちゃん、おばあちゃんが輪をかけて甘いと感じます。ここは考えないといけません。

今はおじいちゃんもおばあちゃんも長生きする時代。一人っ子の場合、両親に両家の祖父母が健在だと、大人6人で1人の子どもにかかわる家庭も珍しくないでしょう。となると、おばあちゃん子は三文どころか、五文も十文も安くなりかねません。子どもはほしいものがあっても、「どうやって買おうか」と考えるのではなく、「誰に頼んだら買ってもらえるか」と考えるようになる。健全とは言えない状況でしょう。

親はもちろん、おじいちゃん、おばあちゃんは「与えてばかりではこの子のためにはならない」ということを理解しなければなりません。かわいいのはわかりますが、その子がいずれ自立して人生を歩んでいけるようになることが何より大事ですからね。

私にも11人の孫がいますが、誕生日や正月、入学式といった節目の祝い以外、日常的に何かを買い与えることはしていません。孫と同居しているかどうかでも違ってくるでしょうが、孫が私の家に来た時は食事の際も皿を運ばせ、箸やコップも並べさせ、自分の子どもを育ててきた時と同じように動かしています。なので、孫にとって私は甘いおばあちゃんではないはずです。

14
与えるだけでは子どもは育たない
自分の命は自分で守るべし！

最近の夏の暑さは強敵です。運動制限などの指示が方々から出ることもありますが、ウルフではこれまで暑さで子どもが危険な状態になったことはありません。やることをやって備えておけば、どんなに暑くても野球はできると思ってやってきました。

大事なことは「リスクがあるから」と何でもすぐにやめさせるのではなく、この環境下でどうやったら好きな野球ができるのかを子どもたちに考えさせることです。もちろん、近年の猛暑を侮っているわけではありません。水分補給は基本の基本。でも、ウルフでは選手にいつ水を飲めとは言いません。自分の近くに水筒を置いておいて、必要だと感じた時に飲むように伝えています。指示を待って動くのではなく、本人の判断で動く。そう教えることが人間的な成長にも、我が身を守ることにもつながります。

ある時、こんなことがありました。真夏の半日練習の日、練習が始まって少ししか時間がたっていないのに、ある子のお茶がなくなってしまいました。聞いてみると５００ミリリットルしか水分を持ってきていなかったそうです。私はしかり飛ばしました。

「この暑さのなかで、５００ミリリットルのお茶で命を守れると思ってるんか！」

すぐに「水道の水を飲んどけ！」と走らせましたが、何も考えずに練習に来ていたわけです。ウルフでは練習に持ってくるお茶は子ども自身で沸かして準備するように各家庭にお願いしています。そこで夏の時期、半日練習ならどれくらいの量のお茶が必要かを考えて持ってこなければいけないのに、その発想がまったく欠けていたのです。指示を与えられて動くクセがついている子には、想像力が働きません。

だからウルフでは、「自分で考えろ」「生きる力をつけなあかんぞ！」とうるさく言います。たかが水の話で……と思う人がいるかもしれませんが、これは生死にかかわるだけでなく、基本的なものの考え方につながっていきます。

今の夏の暑さは、甘く見ると大事になる可能性もあります。軒下でも39度、照り返しのグラウンドでは45度くらいの日もありますからね。だからといって、「じゃあ、野球なんかやめよう」という話ではないと私は考えています。

私がしかり飛ばした子は、次の練習では2リットルの容器を2つ持ってきました。この暑さで半日練習するには、これくらいの量が必要だろうと子どもなりに考えたのでしょう。こんな経験をすることで、考え方が育っていくわけです。何でも中止にするのは簡単ですが、私は大人が子どもから学びの場を簡単に奪うべきだとは思いません。

15

親の荷物を子が持つのはええ 子どもの荷物を親が持つのはあかん！

ウルフの練習が終わり、「今日も無事に終わった、やれやれ……」と子どもたちを見送っていた時、自転車で勢いよく走っていく子どもに目が留まりました。その子が荷物を持っていないのです。周りを見渡すと、子どもの後ろをバッグや水筒を持った親が歩いていました。私は子どもに「戻ってこい！」と呼び、しかりました。

「親に荷物を持って帰らして、どうするんや！」

続けて親にも注意をしました。するとその親は「子どもも朝から夕方まで練習して、疲れていると思って……」と弁解するのです。これには「いやいや、80歳の私も50歳、60歳のコーチらもやっていることです。子どもはまだまだ元気がありますから、甘やかさんとってください」と返し、さらに親子にこう続けました。

「親のカバンを子どもが持つなら、どんどんやったらええ。でも、子のカバンを親が持ったらあかん。そこは間違わんように」

今時の親子の関係性が見える話ではないでしょうか。親は子どもが疲れたと言えば、荷物を持ってやることが優しさだと思っている。しかし、繰り返しになりますが、親の一番の務めは子どもが自分のことを自分でできるようにすること。ここを絶対に忘れてはいけません。

子どもが社会に出た時、会社の行き帰りに親が子どもの荷物を持っていけますか？　中学、高校での学校生活もそうです。部活で疲れたからといって、親が代わりに荷物を持って帰ってやれますか？　それなら、今のうちから自分の荷物は自分で持つ。当たり前のことを当たり前にできるようにしてやるべきです。

一つひとつのことをいい加減にすると、人任せの人間を増やすことになります。「たかがバッグ」という話ではありません。中学生になってから保護者が「ちゃんとやりなさい」と言うようになっても、自我が芽生えた子どもは反発して簡単には言うことを聞きません。小学生のうちに、些細《ささい》な身の回りのことから「自分のことは自分でする」という習慣を身につけなければいけないのです。

今の時代は、保護者の意識を変えないといくら子どもに言っても伝わりません。だから私はいつも子どもに話しながら、後ろで聞いている保護者に向けてもしゃべっているつもりです。なかなか親子の関係性を変えるのは簡単ではありませんが、何が子どものためになるのか。そこだけを考えれば、何も難しいことはないと私は思います。

16

子育ての本質を学ぶなら動物 親は子にエサの捕り方から教え込む

テレビでオリンピック選手や有名スポーツ選手を取り上げた番組がやっていると、私も興味を持ってよく見ます。とくに一流選手の幼少期の話題になると、どんな練習をやってきたのか、どんな家庭で育ってきたのかを知りたくなります。

オリンピック選手の場合、親もかつて同じ競技をやっていて子どもが小さい頃からその競技に取り組ませたとか、子どもの頃からスパルタの猛練習で鍛え上げたといったエピソードが紹介されることが多いです。そんな内容を見るにつけ、「あぁ、やっぱりその世界でトップに立つような選手は、子どもの頃からその道一筋でやってきたのか。生半可な練習では勝ち上がれないのか」と納得しつつ、もう一つ思うことがあります。それは親の子育てにおける姿勢です。

一つひとつのエピソードから「この子をどのようにして育てるか」という親の思いがひしひしと伝わってくるのです。厳しく指導する一方、その競技の楽しさや勝負に勝つ喜び、あるいは負けた時の悔しさをしっかり伝えながら、人間的な成長をうながしていく。

まさにスポーツを通しての教育の実践です。

子どもを育てるということは、親が子どもの人生に責任を持つということです。これは生半可な気持ちではできません。私も常に真剣勝負、命がけで5人の子どもを育ててきました。

親は自分が持っているものすべてを子に注いで、育てなければなりません。自分の持っているものとは、生きていくための術《すべ》や知識です。親がスポーツ競技者で、子どもがその道に興味を示したなら、競技についての知識、技術、経験といったものも含まれてくるでしょう。自分の持っているすべてを注いで、「自分を超えてこい」という熱意で子を育てる。子育てには、「この子をどう育てるか」という芯がしっかりとないといけません。それは子が進む道を親の考えで決めるという意味ではなく、「子どもをどういう人間に育てたいか」「親として何を伝えたいか」というもっと根源的なもの。そこには親としての信念と覚悟が不可欠です。

最近の保護者の子育てを見ていると、「甘いなあ、違うなあ……」と思うことが多くなりました。親はいつまでも子どもと一緒にいることはできません。家庭にいる間に子どもが将来一人でも生きていける力をつけてあげることが親の役割、責務なのに、そこがおろそかになっているように感じられます。子どもの言うことを聞いてあげるのが第一、と思っているような保護者の姿が目につきます。

そんな姿を見るにつけ、私はいつも動物世界のことが浮かんできます。テレビで見た動物のドキュメンタリー番組を思い出し、「何で動物にできて、人間はできんようになったんや……」という思いにかられるのです。

トラでもライオンでも、動物の子どもは大人になる前から自分でエサを捕って食べるようになります。自分で自分の身を守れるようになっていきます。それはもちろん、親に教えられたからです。大自然のなかで生きていくため、子孫繁栄のために、まず動物の親は食べることと、身を守ることを子に教えます。生きるための術です。

本来動物である人間も同じ感覚を持っているはずなのに、今は生きるための術を親が子にきっちりと教えないまま子どもの体だけが大きくなっています。

動物の親子はみんな早くに親離れ、子離れをします。親がきっちり子離れをするから、子どもも親離れができる。でも、最近の人間の世界は親が子離れできないから、子も親離れができなくなってきたように見えます。こうした依存した親子関係を見るにつけ、20年、30年後の日本社会はいったいどうなってしまうんやろう……と不安な思いばかりが広がります。

本能で動く動物に対して、人間は感情が加わるから難しくなるのでしょうか。子どもへの過剰で偏った愛情、親のよけいなプライドによって、本当に大事なものが抜け落ちた子育てになっているように感じます。

前に生きている者が、後についてくる者を育てる。この使命を忠実に守っているのが動物の世界です。人間社会も前に生きている大人が、後に続く子どもたちをしっかり育てるのが義務であり、責任でしょう。それをしっかり果たさなければいけません。

子どもが親元から離れて暮らす時、あるいは親の死によって子と別れる時。その時点で子どもが生きる術を身につけていなければどうなるでしょうか。子は困り果て、親は大いに悔やむことでしょう。でも、それでは遅いのです。親は子どもが子どもである間に、自分が持っている生きるための知識をすべて子に注ぎ、信念と覚悟を持って子を育てなければいけません。

今の人間社会の子育てを大自然のなかで動物がやったとしたら、その子たちはみな生きていけないはずです。人間の親は本気で動物世界の子育てから学ばなければいけない。そんな時代になっていると思います。

17
チーム名、学校名、会社名……背中に名前を貼り付けて生きるのが人生

子どもだからといって、いつまでも子ども扱いをしない。これも私が普段から気をつけていることです。

子どもは相応の環境に身を置けば、大人が思う以上のスピードで対応し、成長していきます。いつまでも子ども扱いをしていると、本人もその方が楽なので、ダラダラと大人に甘える生活を続けてしまうのです。まだ小学生であっても時には一人の青年、時には大人と同等の扱いをし、少しずつ自立をうながすことが大切です。

子どもであっても責任の重さを実感させてやれば、行動も変わってきます。そこで私は時折、子どもにこんな言葉をかけます。

「キミらはいくつもの名前を背負って生きてるんやで！」

名前とは何か、わかるでしょうか。人間はこの世に生を受けた時に先祖の名を背負い、親の名を背負います。そして保育園・幼稚園に通えば、園の名を背負います。小学校、中学、高校、大学に行けば学校の名前を、会社勤めをすれば会社の名も背負うことにな

ります。加えてウチで野球をやっている子ならウルフの名も背負いますし、中学、高校で部活動をするなら学校だけでなくクラブの名も背負うことになります。

「それだけの名前を背負うんや。先輩たちに恥をかかせたらあかん。先生、監督、コーチ、かかわってくれた人たちに迷惑をかけるような行動をとったらあかん。これだけの名前を背負って歩いてることを絶対に忘れたらあかんのやで！」

当然、子どもたちの年齢や理解力によって伝わり方に差は出るでしょう。それでも「難しいことを言ってもまだわからないだろう」と思うのではなく、たとえ小学1年生が相手でも伝えなければいけないことは、しっかりと話して聞かせます。

こちらが真剣に話すことで、子どもなりに「これは大事な話なんだ」「変なことをしたら、いろんな人に迷惑がかかるのかな……」と漠然とでも感じられたら、それだけでも効果はあります。

責任の重さをしっかり感じてもらうためにも、時にはこんな話も子どもに聞かせなければいけません。子どもたちが進級したり、小学校を卒業するような節目のタイミングで「名前を背負う話」をするようにしています。

18
子どもは忘れる生き物
同じことを100万べん言い続けよう

子どもの脳はよく「乾いたスポンジ」にたとえられます。一瞬にして水分を吸い込むように、新しい言葉も知識も次々に身につけていくからです。

たしかに子どもは何でもすぐに覚えます。その一方で、大事なことをよく忘れるのも子どもです。大人はその特性をわかったうえで子どもに接し、話をしなければいけません。こちらがいくらいいことを伝えて、子どもも真剣に聞いていたとしても、次の瞬間にはまったく頭に残っていない……。そんなことはしょっちゅうあるからです。だから、大事なことは何回でも言い続けないといけないのです。

子どもたちからよく「おばちゃんは同じ話が多い」と言われます。そんな時は「大事な話は頭にこびりつくまで言わなあかんねん。だからおばちゃんは100万べんでも言うで」と返します。「100」ではなく「100万」。子ども相手には間違っても、「もうわかったやろう」とは思わないことです。大事なことは「まだこびりついてないやろう。もう1回、もう2回……」と、何回でも繰り返し言わないといけない。大人に根気がないと、子どもには深く伝わっていきません。

大人になったウルフの卒団生と会った時、「おばちゃんの言葉をたまに思い出して、子どもに今同じことを言ってます」と言われることがあります。そんな言葉を聞くと、「あぁ、頭にこびりついとったんやな」とうれしくなりますが、そこに達するまでに何百、何千、何万……と言っていたんやろうなぁと、自分のことながら途方もなく感じることがあります。人に何かを伝える、気づかせるということは、それほどエネルギーのいることなのです。

その一方で、人間は言葉によって深く傷つけられると、その言葉も一生頭から離れなくなります。いくら忘れたくても、消えないのです。言葉は人を喜ばせ、元気づけ、人を変える力を持ちますが、一言でその人を殺してしまうこともあるのです。

私は学生時代にいじめを受け、その経験から言葉の恐怖を痛感しました。今は体罰やパワハラが問題視されていますが、人間にとって本当にこたえるのは殴られることより心を壊されるような言葉を受けた時です。だから子どもたちには「言われてイヤな言葉は絶対に人にも言うな」と伝えています。それでも子ども同士の世界では、言葉がきっかけで些細なトラブルが起きがちです。そんな時は、「まだまだ言い足りんかった。１００万べん言わなあかんな」と思って、また伝えていきます。

忙しくても手軽に作れる
おばちゃん特製料理レシピ②

おばちゃん式蒸しチキン

材料／分量(3人分)

鶏もも肉	2枚
オイスターソース	50cc
濃口しょうゆ	50cc
酒	30cc
みりん	30cc

おばちゃんの
ワンポイントコメント

シンガポールで出合った味です。揚げ物は大変やけど、これは漬け込んでおいて蒸すだけでヘルシー＆簡単。大勢のお客さんの時にもええよ。

作り方

鶏もも肉を1枚6等分に切り、調味料に24時間ほど漬けておく。漬け終わったらクッキングシートに包み、蒸し器に入れ強火で10分蒸す。調味料は漬け終わった後、ひと煮立ちして保存しておくと野菜炒めの調味料にも使える。

第3章
140人全員が成長できるチーム

19

目指すは富士山のようなチームではなくアルプス山脈のようなチーム

ウルフはチーム創設45年目の２０１６年夏に初めて全国大会のマクドナルド・トーナメントに出場しました。同年には西日本学童軟式野球大会でも優勝。何もないところからスタートして、大きな大会で勝つ喜びを味わえるチームになってきました。

おかげで最近は「強いチームでやりたいから」という理由でウルフへの入団を希望する子どもや、子どもを連れてくる保護者もいます。ただ、私もコーチ陣も「強いチームを作ろう」ということを優先順位の一番に置いて野球をやっているわけではありません。大会で結果が出るようになってきた今でも、変わらず持ち続けているチームの芯は「野球を通しての人間作り」。社会に出て働ける子ども、世の中で生きる力を持った子どもを育てたいのです。

今は息子の徹がチームの総監督となり、中心としてやっていますが、方針は一切ブレていません。それが崩れてはウルフではなくなりますし、崩さずやってきたからこそ、多くの保護者から信頼して子どもたちを預けてもらえたと思っています。私と二人でチームを立ち上げたお父ちゃんがよく口にしていた言葉があります。

「富士山みたいなチームを作ったらあかん。３０００メートルの山が横に連なってるような、アルプス山脈みたいなチームを作らなあかん」

イメージを持ってもらえるでしょうか。今の６年生は実に11の小学校から、全学年合わせ１４０人を超える子どもたちが「ウルフでやりたいから」と集まってくれています。なかには野球の高い能力を持った子どももいます。そんな有望な子の力をさらに引き上げることも大事ですが、まだ力量のない子どもを置いてけぼりにしたら絶対にダメです。

ウルフは約５００もある大阪のチームのなかでトップを目指しながら、一人ひとりの力と人間性も引き上げる。何人かの個人が傑出するのではなく、６年生も1年生も、AチームもBチームもCチームも、選手全員が日々力をつけてワンチームとして成長していく。それがウルフというチームなのです。「二兎を追う者は一兎をも得ず」ということわざがあります。まして学童野球ですから、楽しくレクリエーションとして活動するチームがあってもいいし、ひたすら上の世界を目指すチームがあってもいいでしょう。

それでも、ウルフは１４０人がアルプスのように連なって成長しながら、チームとして結果も残していくことを理想にしています。これからも子どもたちと「二兎」を追っていきます。

20 うまい子は放っておいてもうまくなる しょげてる子に声をかけよ

私は練習に出ている時は、とにかくグラウンドをウロウロしています。平日はウルフで一緒に野球をやる子を求めて近所をウロウロしますが、練習日はグラウンドをウロウロ。動きながら子どもたちに声をかけて、キャッチボールに誘ったり、ノックを打ってやったり、トスバッティングのボールを上げてやったり。私が積極的に相手をするのは、まだ野球やチームに慣れていない子や、少し元気がなくしょげている子が多いです。

子どもは正直なので、顔や雰囲気を見れば「今日は沈んでいるな」「しょげてるな」ということがすぐにわかります。今日はどんな顔で練習をしているか、子どもの表情を見ることも私の役割です。

しょげている顔を見つけたら、どんどん声をかけてその顔を少しでも笑顔に、元気なものに変えられるように努めます。子どもは子どもなりに日常のいろんなものを抱えながら、練習に来ています。せっかくグラウンドに来たのだから減らん体をしっかり動かして、少しでも気分が晴れ、元気になって帰ってほしいと思っています。

普段からおとなしかったり、あまり目立たない子にもよく声をかけます。そして野球のうまい子や普段から活発な子は、むしろ放っておきます。そんな子は自分からどんどん動いて練習できますし、周りの者とワイワイ楽しくやれますから。でも、積極的に動けないタイプの子はこちらから機会を作ってあげないと、グラウンドの端っこで何となく一日を過ごして終わりかねません。

普段から目立つ子が少し元気がないと、周りの大人もすぐに「どうした?」と気にしてくれるでしょう。でも、普段から目立たない子はともすれば見過ごされがち。もちろん、それはよくありません。

これだけの人数がいるので、選手個々の実力差も当然出てきます。レギュラーでない子も、試合に出られない子も多くなります。しかし、そんな選手がどんな表情、どんな雰囲気で練習をやっているかでチームの空気が変わっていくものです。ましてやウルフは実力差は関係なく、全員でチームとして動き、野球を楽しむことをモットーにするチームです。

これからもウルフの練習中は、いろんな子の表情を注意深く見守りながら私はグラウンドをウロウロし続けます。

21

子どもの声なきメッセージ「やりたい」サインを見逃さない

「おっ、この間よりうまなったなあ」

「今のええスイングや、忘れるな！」

子どもの心は素直です。なにげない一言で表情はパッと明るくなり、「もっと頑張ろう」という前向きな気持ちが生まれてきます。子どもたちはみんな、少しでも野球がうまくなりたいと思いながら日々の練習に取り組んでいます。

野球が上手な子は練習にも積極的で、自分で考えてどんどん動きます。一方、実力的にまだまだこれからという子は練習中でもあまり目立つことはなく、アピールも上手ではありません。ところが、そんな普段おとなしく目立たないような子が、たまに「おばちゃん、ノック打って」と声をかけてくることがあります。珍しいな、と思って「何で声かけてきたん？」と聞くと「いやぁ……おばちゃんのノックをちょっと受けたくなったから」と特別な理由があるわけでもない。それでも、私とすればこういう気持ちが出てきたことがまずうれしいし、この気持ちを大事にしてあげないといけないと思っています。本人がやる気になった時というのは、その子が変わる、成長する大きなチャンスなのです。

　これは野球に限ったことではありません。そして私たち大人は子どものこのサインを見逃したらいけない。「ノックして」と声をかけてきた時、子どもはこちらが受けてくれると思うから声をかけてくるのです。ここでもし、「今、時間ないなぁ」なんてそっけない態度で対応したら、とたんにシュンとなって、その子のやる気は一瞬にしてしおれてしまいます。「どうせオレなんか……」というネガティブな気持ちに支配されるのです。普段バリバリのレギュラー選手ならまた次があっても、そうでない子のアピールは絶対に見逃したらいけません。「ノックして」と言ってきた時は、いわばその子の「旬《しゅん》」。その旬を見逃したらいけないのです。

　人間が成長する時、変わる時とは、まずその人の気持ちが動いた時。相手が子どもであるならなおのこと、この一瞬を見逃したらいけません。子どもが「見て！」「手伝って！」とアピールしてきた時は、大人は何があっても受けてあげることです。

22

ハンデを抱える子どももウェルカム
野球を通して生きる力を身につける

２０２１年にはチーム結成50年を迎え、ウルフを卒団していったＯＢ・ＯＧの数は１２００人を超えます。思い返すといろんな子がいました。

初めて練習に来た時には「野球できるんかな」「チームになじんでいけるかな」と思うような子もいました。パニック障害の子もいました。

印象深い、こんな子もいました。入団したての頃にノックを打ったらボールとは違うところに走っていって、打球が止まってからボールを拾いに行く。投げるとなっても、人のいないところにポーンと投げる……。とても野球の形になっていませんでした。それでも、毎週やっているとだんだん相手のいるところに投げられるようになって、フライの打球でも落下点付近に走っていくようになりました。

でも、そのあたりで卒団となってしまい、私は「はたして本人はウルフで過ごした時間が楽しかったのだろうか……」と思っていました。すると、その子が中学で英語クラブに入り、3年生の発表会で賞を獲ったのです。その発表テーマが「ウルフで学んだこと」。

本人のなかでウルフでの活動を通して感じたこと、身についたこと、頑張ったこと、自信に思えたことがあったのでしょう。その話を聞いて、私もとてもうれしい気持ちになりました。

吃音《きつおん》でうまくしゃべれなくても、頑張った女の子もいました。コミュニケーションを取るのが得意ではなく、はじめはチームになじむのも苦労したはずです。でも頑張り屋で一生懸命練習をして、6年生までやり抜きました。高校ではソフトボール部に入って、さまざまな苦労を乗り越え、今は「将来パティシエになる」と頑張っています。

こういった子たちもウルフの集団生活で鍛えられ、社会で生きる強さを身につけていったのだろうと思います。同時にウルフの選手全員にとっても、いろんな個性を持った仲間と接することで心が成長したことでしょう。野球がきっかけになり、お互いに成長できたのです。

ウルフで野球をやりたいと入ってきた子たちは誰も取りこぼさず、野球もうまくしてやりたいし、人間的にも大きく成長できるように全員を引っ張りあげてやりたい。お父ちゃんが掲げてきたウルフの精神を、これからもしっかり継いでチームとして活動していきたいと思います。

23
今の常識が近未来の非常識になるかも？常に先を見て子育てのアップデートを

今はありとあらゆる情報が世にあふれています。料理一つとっても、スマートフォンでインターネットにつなげば調理のポイントから隠し味まで、一瞬にして出てきます。野球の技術でも、誰でもすぐに野球の専門家になれそうな情報が並んでいます。まさにどの世界も日進月歩。日々、刻々と変化を遂げています。

こんな時代で野球を教えていく者としては、常に学び続ける姿勢を持つことが大切です。守るべき「昔ながら」の部分を大事にしながら、次々に出てくる新しい野球の技術理論にもしっかり目を通し、興味を持って見ています。

私の技術指導の基本となってきたのは、中学の時のソフトボール部の先生の教えです。体育大学を卒業してソフトボールの指導をしていた先生の動きを見て、覚えていきました。その後、私は社会人までソフトボールを続け、会社を退社した後にお父ちゃんとウルフを立ち上げました。お父ちゃんも同じ会社の野球部だったので、その考え方も参考にさせてもらいました。自分でも雑誌を読んだり、多くの指導者から学んできました。「この人はどう考えているのかな」「ここは一緒やな」「こっちは違うな」と。

技術論の正解は一つではないので、常に学びの気持ちと比較の目を持って、さまざまな情報や理論に接しています。人間として生きるための基礎・基本は12歳までに身につけたいと書きましたが、私は野球の基礎・基本も子どものうちに身につけさせてやりたいと思っています。子どもたちが中学、高校でも野球を続ける時に困らない、ベースの部分です。内野ゴロの捕り方一つとってもグラブの出し方、足の運び方などの基本の形が時代によって変わってくることがあります。バットスイングも「上から叩け」という教えが主流だった時代もあれば、今はむしろアッパーからレベルのスイング軌道で、打球も「ライナー、フライでＯＫ」という理論が主流になってきています。

お父ちゃんと私と徹で何か技術論を始めると、意見が分かれてすぐにもめます。バッティングでいえば、プロの一流打者でも3割。それだけ失敗が多い動作のため、新しい理論が出やすいのでしょう。我流にこだわらず、まだまだ学ぶべきことが多くあると感じます。そして忘れてはいけないのは、教える側が主役ではなく、教わる側が主役ということ。これは子育てに通じると、肝に銘じています

日々変化するのは人間社会もそうです。50年前の棚原家では、お父ちゃんは台所に立つことも、家事をすることも一切ありませんでした。でも、時代は変わるもの。今は長

男夫婦が我が家に来て食事をすると、長男が率先して後片付けや皿洗いをやってくれます。小さい時に習慣づけておくと、自然に体が動くものなのです。

私は子どもたちを育てるなかで「あんたたちの時代は今とは違うようになってるから」と4人の息子であっても洗いものをさせ、台所にも入れていました。身の回りのことは自分でできるようにしつけていったのです。私が子育てをしている頃から女性でも大学へ行く人、社会に出て働く人が増えていました。その流れを見て、これは近い将来、必ず男女平等の時代がくると確信していたからです。

時代は男女平等へ向かうと同時に、受験社会に突入していきました。私が「勉強より生きる力をつけるために、家庭教育をしっかりやらないと」という話をすると、同世代のお母さんから「あなたの子育ては時代遅れ」と言われたこともありました。それでも、私は20～30年後は、男性中心の社会から変わっていくと考え子どもたちをしつけていきました。

男女平等の社会では、自分のことは自分でできないと苦労します。親から離れて一人暮らしをする時はもちろん、結婚して家事を分担する時もそうです。奥さんに迷惑をかけ、夫婦関係が悪くなることもあるでしょう。たとえ男性であっても家のなかで働ける人間にしないといけない。20～30年先を見越して、いつもそう思っていました。

私たちの世代は明治生まれの親に育てられ、男女の差をつけて育てられた人がほとんどでした。その子どもたち、今の50歳前後の年代は男女平等社会が広がるなかで親となり子育てを経験しました。時代は変わっているのに中身は完全には変わりきらない、中途半端な状態だったと思います。それからさらに進んだ今の時代は、男性も育児や家事を分担するスタイルが一般的になってきました。

その一方で、しつけや家庭教育がどんどん緩くなり、その結果、男女にかかわらず身の回りのことができない大人も増えてしまいました。その年代の人たちがまた結婚し、子どもを育てていくと思うと大いに不安を覚えます。男女平等社会は進んでも、家庭教育はいろいろと綻《ほころ》びが目立ち始めているのです。

親は常に一歩先を見る視点を持ちながら、基礎・基本をおろそかにしないこと。これは子育てにも野球の技術習得にも通じるはずです。

24
チームスタッフは座ることなく動き回る ただし、自分の子どもは見なくてOK

少年野球の現場では、指導者がイスにふんぞり返って練習を見ているチームもあるでしょう。でも、ウルフの場合は練習のグラウンドにイス自体がありません。

現在コーチ登録をして手伝ってくれている大人は36人。年齢的には私がトップですが、男性コーチもそれなりの高齢者が多く、息子の徹も２０２０年で53歳。世間的にいえば、「ええ年のおっちゃん」の集まりです。それでも練習中は腰を下ろすことなく、グラウンドを忙しく動き回っています。

私とお父ちゃんのコンビで長くやっていた時はコーチは数名でしたが、２０１３年に徹がチームの総監督になった頃から、ウルフの理念をわかってくれている大人に助けてもらおうと、コーチの数が増えました。

子どもの成長過程で多くの大人がかかわるのが大事と書きましたが、その意味で今のウルフの環境は子どもたちにとって得がたいものだと思います。小学生の子どもにとって、家族や学校関係者以外の大人と日常的にかかわる機会はなかなかないからです。しかも、その大人たちは子どもに愛情を持って接してくれる人ばかりなのですから。

さらに練習グラウンドには、監督・コーチとは別にジャージ姿の保護者の姿もたくさん交じっています。ウチは希望すれば、保護者もグラウンドに入って子どもたちと一緒に練習できるのです。私からも「お父さんの運動不足解消になりますし、子どもたちと一緒に野球ができるのは今のうち。どうぞ入ってください」とよく声をかけます。

あるお父さんから「僕はオヤジに何もやってもらったことがないので、子どもの扱いがよくわからないんです」と相談を受けた時にも、「じゃあ練習に参加してみてください。共通の話題ができたら困らなくなると思いますよ」と勧めたこともありました。後日、そのお父さんは「言われた通りやってみたら、たしかに家での会話が増えました」とうれしそうに報告しに来てくれました。

お父さんだけではなく、もちろんお母さんでも希望者がいればグラウンドに入れます。希望する人にはどんどん練習に入ってもらって、子どもたちと同じ空気を味わってもらっています。

一方で、ウルフの大人たちの間ではこんな言葉も交わされています。

「自分の子どもは見るな」

これには二つの意味があります。一つは、「ここに来たら、みんなの親になったつもりで自分の子ども以外を見てください」という意味です。

　そしてもう一つは、他人の子どもに野球を教え、ものを伝えようとすると、大人も言葉を選び、伝え方も工夫するようになるということ。その結果、教え方が上達した大人に教えてもらえるので、回り回って自分の子もうまくなるのです。さらにもっと言えば、自宅で我が子を教える時も、やはり以前よりうまく教えられるようになっている。いずれにしても、子どもの上達につながるということです。

　ウルフではたまに全学年が同じグラウンドで練習することがありますが、その時は大人を含めて１６０〜１７０人規模の大人数になるので、学校の校庭はまさに人だらけになります。今はどのチームも選手数が少なくなっている流れがあるので、ウルフの練習を見に来た人からは「昭和の風景ですね」と言われることもあります。

　子どもも大人も、ところ狭しと忙しく動いています。そんな状況なので、スタッフも腰をかけるヒマが本当にないというのが実際のところです。たまに休みたいと思うコーチがいても、80歳の私が動き回っているので周りのコーチは座りたくても座れないのかもしれません。

　でも、子どもが多いだけに見てくれる大人の目が多いのは本当に助かります。チームにかかわる大人が多くなると、もめ事が出てくるという話を聞くこともありますが、ウルフの場合はチームが助かることばかりです。

子ども大好き、野球大好きなコーチたちに負けないよう、私ももうしばらくはグラウンドを動き回りながら子どもたちとの野球を楽しみます。

25

目に余る未就学児の「ペット扱い」ウルフ入団直後から「少年扱い」へ

毎年、春になると新入団員がチームに加わります。緊張した面持ちの子どもたちには、必ずこの一言を言います。

「今日からペット扱いは終わり。少年、少女の扱いでいくからな」

親にご飯を用意してもらって自分は食べるだけ。洗濯も掃除も後片付けも親がやってくれる。そんなペットのような生活は今日で終わり。これからは自分のことは自分でできるようにしていこう、という意味です。

年々、自分のことが自分でできない子どもが増えています。本来、子どもの成長速度は親が思うよりはるかに速いものですが、親がいつまでも幼児扱いをすると、成長が遅れます。「ペット生活は終わり」とは少し刺激の強い表現ですが、これは子どもたちの後ろで私の話を聞いている保護者に向けて伝えているところが多分にあります。

子どもたちは「幼児扱いはしない」と言われれば、子どもなりに「よし、頑張ろう」という気力が湧いてくるものです。はじめからできることなどわずかでしょうが、チーム内で周りを見て、話を聞きながら、一つひとつつやれることが増えていく。兄弟を持つあるお母さんから、しみじみとこんなふうに言われたことがあります。

「ウルフに入った弟が、この数カ月で変わってびっくりしています。それまでは片付けも何もできなくていつも怒っていたのが、最近急に自分のことを自分でできるようになって。怒る回数も劇的に減ってきました」

兄弟で弟だけがウルフに所属していたので、その明らかな変化にお母さんも驚いたようです。こんな話を聞くと、私も本当にうれしい気分になります。

子どもたちは動かざるを得ない環境を作れば、自ら動くようになっていきます。しかし、いつも親が手を貸し、準備するクセをつけていると、子どもはいつまでも親に甘えてしまいます。とにかく「自分のことは自分でできないと、あとあと困るぞ」と言い続けて、はじめはできなくても本人に任せていく。ここからです。

いつも練習終わりに私は子どもたちに話をしますが、最後に「疲れてる人？」と聞くことがあります。ここで誰も手を上げなければ、今度は見学に来ていた保護者に向けてこう言います。

「誰も疲れてないと言ってるので、帰ったら家の手伝いをしっかりやらせてください」

何でも与えるペット生活は、一日も早く終わりにしなければなりません。

26

いらん気遣いがチーム崩壊の芽になる
子どもが主役の世界に大人の常識はいらない

最近増えて困っているのが、練習試合を含め相手チームが手土産を持ってくることです。いつからこんな慣習ができたのでしょうか。大きな球場を借りたり、特別な事情があるならともかく、小学校の校庭で試合をする時に手土産は必要ないと思います。

ウチは基本的に断っているのですが、ウルフの選手のお母さんから「おばちゃん、それは相手に失礼じゃない？」と言われたことがありました。先方はせっかく厚意で持ってきてくれたのに、断るのは失礼だというのです。たしかにそうかもしれませんが、私はこうした習慣が当たり前になる必要はないと思うので、申し訳ないと思いながら極力受け取らないようにしています。

ある大会でもこれから試合というタイミングで、相手チームの関係者がウチのスタッフにスポーツドリンクの土産を渡しに来ました。スタッフがそのまま受け取り、私のところに持ってきたので「今から試合という時に返すのも……」となり、急いで近くの店でスポーツドリンクを買って先方に渡しました。ドリンクをもらっておいてドリンクを渡すというのも、「何をやってるのかな」とバカらしく感じましたが、ウルフがこのように土産を交換することはめったにありません。

土産を渡すとなればお金がかかります。２リットルのスポーツドリンクを６本セットで買うと、１０００円くらいになるでしょう。ウチは全学年を合わせて、年間１２０試合くらいの練習試合をしています。野球はただでさえお金がかかり、普段は部費を抑えて節約しているのに、そんなところでお金をかけている場合ではありません。

だから事前に伝えられるチームには「ウチは土産物の交換はやっていませんので」と伝えさせてもらい、伝えきれなかった場合は「次回からはお土産はなしでお願いします」と言わせてもらっています。

なかには「相手チームのグラウンドに行くと、グラウンド整備をしてもらったりするので……」と言う人もいました。でも、そんなことは野球をやっていたらお互いさまです。「ありがとうございました」と頭を下げて終わりで私はいいと思うのです。

そもそも手土産うんぬんは大人の発想です。子どもが主役の少年野球の世界に、この種の気遣いは不要でしょう。こうした感覚がどんどん入ってくると、子どもの世界が形式ばった息苦しいものになっていきます。グラウンドは子どもたちが純粋に野球を楽しむ場。大人も子どもと一緒になって楽しむ、それだけでいいでしょう。

27

夏場のグラウンド使用禁止は大人の保身
「生きる術」をなぜ教えないのか？

真夏に一定の気温に達すると、グラウンド使用を禁止する地域があります。大阪府でも夏場の校庭の貸し出しを禁止する地区が出てきました。

もちろん熱中症対策の一環ですが、その地区の少年野球チームは練習場所の確保に本当に困っていました。こうした動きが広がってくると、私たちのような任意団体の活動もどんどん狭まっていくかもしれず、漠然とした不安を感じます。

それ以前にも安全面への配慮から各地の公園ではボール遊びが禁止され、とくに野球に関連する遊びは軒並み禁止。野球チームに入る以外は気軽に野球ができる環境もなくなり、野球の競技人口の減少にもつながっていると感じます。

ウルフの活動日は土曜・日曜ですが、平日の放課後に校庭を開放する学校も一昔前に比べて格段に減りました。私の感覚からすると、今のような時代だからこそ、もっとも安全な場所であるはずの校庭を広く開放すればいいと思うのですが……。それぞれの立場で事情もあって、なかなかそうはいかないようです。

もちろん、校庭を開放して使用したとしても、事故や事件が起こるリスクはゼロではありません。しかし、そればかりを心配して、子どもたちの遊び場や我々のような団体が活動できる場所が減っていくのはさびしい限りですし、子どもにとっていいこととも思いません。

こうした規制が増えるたびに感じるのは、「子どもたちのため」という大義の裏に見え隠れする大人の保身です。今の時代、事が一つでも起こると一瞬にして全国にその地域名や学校名が流れます。学校、行政の担当者や組織の長はネガティブなニュースで有名にならないよう、常に不安を抱えながら過ごしているのでしょう。

その気持ちも理解できないわけではないですが、萎縮し過ぎのようにも感じてしまいます。何かが起きることを恐れるあまり、リスクのあるものは禁止、中止、撤去……。今の流れが本当の意味で子どものためになっているとは思えません。

真夏のグラウンド禁止令にしても、熱中症を過度に恐れ過ぎだと感じます。たしかに最近の暑さは私も異常と感じることがあります。だからといって、運動中止、校庭の貸し出し禁止と、禁じているだけでは今度は新たな問題が起きるでしょう。

教育としてやらなければならないことは、暑さをさけて部屋にこもるだけではないはず。暑さのなかでどうすれば身を守り、大好きな野球ができるのかを子どもたち自身に考えさせることだと思います。

ウルフには今でも１４０人以上の子どもがいますが、これまで熱中症で大事に至ったケースはありません。もちろん水分補給は徹底し、多くの大人の目で子どもたちの様子を見守り、体調が優れない子がいれば木陰に入れて休ませています。同時に大切にしていることは、毎日の三度の食事や睡眠をしっかりとること。ここをおろそかにして炎天下で運動をすると、熱中症にかかるリスクも上がってきますから。

普段からこうした指導を徹底していると、ウチの子どもたちは「この暑さならどれくらい水を飲んで、どの程度までなら動いても大丈夫」という感覚がわかってきます。これが私がよく言う「体験学習」です。自分で考え、対応することでさまざまなリスクを下げていく。こうして生きる術を持った子どもをどんどん増やしていくことが、一番の熱中症対策にもなるはずです。

中止や禁止は一時的には子どもにまつわるリスクを下げるでしょう。しかし、長い目で見ると生きる力の弱い人間を作っていくことにつながります。「子どもを守る」といえば聞こえはいいですが、結局は今の子どもを守るという発想しかなく、子どもの未来を考えるという発想はまったくありません。それは本当の意味で子どもを守るのではなく、大人が大人を守っているように見えてしまいます。

世の中に出れば、さまざまなリスクのなかで生きていかなければなりません。気温40度近いなかでも屋外で働いている人はたくさんいます。工事現場で作業をしている人も、スーツ姿で外回りに励んでいる営業マンも……。高校野球の世界でも、夏場だろうと練習や試合はもちろん外であります。今の子どもたちも、いずれそんな場に身を置くことになるかもしれません。体も頭の準備もないままに放り出されるなら、私はその方が危険だと思います。

小学生は発達段階で大人ほど体は強くないのだから、リスクから遠ざけてやらなければいけないという指摘もあるでしょう。もちろんリスクは軽視できませんが、それ以上に社会に出るための準備を今からすべきだと私は思います。

もちろん、事故や事件が起こらないことが一番です。私たちのような団体も、学校も、各家庭でも理想を目指しながら、一方で子どもたちの将来を考え、生きる術を身につけさせてやる。それが大人の大きな使命です。大いに体験学習をさせて、鍛えていかなければ、この複雑な世の中を簡単には渡っていけません。

忙しくても手軽に作れる
おばちゃん特製料理レシピ③

クリームシチュー

材料／分量(4人分)	
鶏もも肉	250g
ジャガイモ	250g
タマネギ	300g
ニンジン	100g
ブロッコリー	0.5株
酒	50cc
コンソメ	1個
塩	小さじ1.5
コショウ	適量
生クリーム	50cc
バター	40g
小麦粉	50g
牛乳	300cc
牛乳	100cc
牛乳	100cc

作り方

食材はすべて一口大に切り、鍋に鶏もも肉、タマネギ、ニンジン、ジャガイモの順に入れ、コンソメと酒を入れて約30分煮る。バターと小麦粉を耐熱容器に入れてレンジに2分かけ(※)、なめらかになるまで混ぜる。そこへ牛乳を300cc入れレンジに5分かける。またなめらかになるまで混ぜたら、100ccの牛乳を入れ、再び混ぜる。これを2度繰り返してできたホワイトソースを鍋に入れて混ぜる。生クリーム、塩、コショウで味を調え、最後にレンジに3分かけたブロッコリーを入れる。

おばちゃんのワンポイントコメント

煮物は、ジャガイモを上にして蒸しあげると形が崩れない。牛乳を小分けで足すのはダマになりにくいから。ホワイトソースで使うバターは、あらかじめ10gで切って保存すると、調理の時に便利やで。

※加熱時間は500〜600Wのレンジ使用時を想定していますが、機種によって異なります。

第4章
現代社会を生き抜くための子育て論

28

簡単に「休む」なんて言うな！やれることを考えるのが社会への第一歩

１４０名以上の団員がいると、土日の練習は学年などによって場所を分けることが多くなります。それぞれに練習するなかで毎週、数名の欠席者が出てきます。欠席の電話連絡は保護者がかけてくることが多いのですが、理由の多くは「風邪を引いてしまって」とか「足が痛いと言っていて」といったものです。そんな理由を聞きながら、私が最近一つ学んだのは、子どもも保護者も筋肉痛を知らないケースがあるということでした。

土曜日に少し強めの練習をすると、翌日に保護者から「足が痛いと言ってるので休ませてください」と電話が入ることがあります。そこで本人に代わってもらい話を聞くと、足の痛みはケガではなく、どうやら筋肉痛のようなのです。

そうとわかれば「とりあえず出てこい。やれることからやっていれば治るから」とグラウンドまで出てこさせます。するとだいたいの場合、体を動かして1時間もしないうちに普通に練習できるようになります。そこで本人に「筋肉痛はケガやないんやぞ。動いてたら治るんやからな」と教えながら、もう一つ大事なことを言って聞かせます。

「やると決めてることを簡単に休んだらあかんぞ」

人との約束も、自分との約束も守れる人間になる。これも生きていくうえでとても大事なことです。たかだか野球の練習くらい……と休みグセを子どものうちからつけてしまうと、アクシデントに弱い子になってしまいかねません。

我が家の長男が中学時代に新聞配達をしていた時、こんなことがありました。長男は毎朝3時に起き、準備をして出かけていたのですが、ある冬の日にアクシデントが起きました。ストーブの上で沸かしていたヤカンを自分でひっくり返し、熱湯を足にかけてしまったのです。大やけどにはならなかったものの、水ぶくれになり、長男は「母ちゃん、これじゃ配達できへんから今日は休む」と言ってきました。

でも、私はこれを「あかん！」と即座に却下。たしかに足は腫《は》れていましたが、商売というものはケガをしたから、風邪を引いたからと簡単に休んでいいものではありません。仕事には責任があるということをしっかりと理解させたかったので、休むことは認めず、「どうすればこの状況でも仕事ができるか」を一緒に考えました。

腫れた足に軟膏《なんこう》を塗ってガーゼを当て、その足とスリッパを包帯でグルグル巻きにして固定。「不細工やけどこれで行ってこい！」と送り出しました。すると帰ってきた時には長男も「やってみたら意外にやれたわ」と涼しい顔で配達の様子を語りました。

無理と思っていても、いざやってみると思ったよりできるということはよくあります。この時も結果的にはそうなったのです。

アクシデントを乗り越えていつも通りに役目を果たせたことで、本人のなかに「仕事に穴をあけずよかった」という安堵感と、「これくらいのケガならできる」という自信が残ったはずです。ケガでも風邪でもそうですが、経験をして乗り越えることで、「これならまだできる」「これ以上は無理……」という比較材料ができるというプラスもあります。本当に無理となれば、そこで初めて休むという決断をします。

息子たちの新聞配達のケースでいえば、子どもにインフルエンザのような症状が出た時はさすがに休ませました。ただ、仕事先に迷惑はかけたくなかったので、その時は私がピンチヒッターで配達に出ました。私は一度受けた約束はできる限り守りたいので、子どもたちのことであっても、カバーできるものならカバーしてきました。

最近は仕事でもアルバイトでも野球の練習でも、簡単に休む決断をする人が多いと感じます。体調は多少悪くても、そこを乗り越えられれば体力的にも精神的にも自信になるものです。いわば強くなるチャンスなのですが、今は子どもが「しんどい」「痛い」と言えば保護者も「無理せんと休んだら」と声をかけるケースが多くなったのではないでしょうか。私からすれば「甘いなぁ」と思うことが多いです。

また、今の子どもはすぐに「無理」という言葉を使います。世の中で変な口グセがはやっているなと感じますが、何でも「無理、無理」と口にしていると本当ならできることでも心底から無理に思えてくると私は思います。

私は日頃から「しんどい」という言葉を一切口にしません。体を動かすのは心。その心の状態を表す時に「しんどい」とか「無理」といったマイナスな言葉を使うと、やはりそういう気分になって、体が動きにくくなると思うのです。「無理」よりも「できる」。どうやったらできるかを常に考える思考を親子ともに持ってほしいと思います。

休むのは簡単です。でも、仕事でも野球でも簡単に休んでしまうと周りに迷惑をかけるだけでなく、人としての信用も頼りないものになってしまうでしょう。「休む」というのは最終判断。社会人として世に出た時に信頼される人間になるためにも、人との約束も自分との約束も守る。子どもたちも普段の小さな約束からしっかり守れるようにしたいものです。

29

勉強だけがすべてではない
一人ひとりの特色を見いだすのが親の仕事

私は高校生の時、ソフトボール部の顧問に「お前みたいなバカはいらん！」と言われたことがありました。普段からけちょんけちょんに言われていましたが、あの時は私も頭にきて、「学校の勉強さえできたら賢いんか！　わかった、点取ったらええんやろ！」と意地になりました。

毎日夜中の2時まで勉強をすると、次の定期テストで学年２９８番だった順位が36番にまで上がったのです。周りも驚くほどの大幅アップでしたが、私はそこで「よっしゃ！」と思うことはなく、ふっと冷めた気持ちになり「学校の勉強ってこんなものか」と思ってしまったのです。

なぜなら、私はテスト範囲をひたすら繰り返し頭に入れただけで、急に頭がよくなったわけでも何でもないのです。それなのに、成績は一気に上がって、自分への高い評価になりました。そこで「みんなが『頭がいい』とか『頭が悪い』とか気にしているのは、こういうつまらないことだったのか」と悟り、一気に学校の勉強・成績というものに対する見方が冷めてしまったのです。

1000人に一人、1万人に一人といういわゆる「天才」もいるでしょうが、ほとんどの人は勉強の基本的な能力ではそう変わらないと思います。そのなかで教科書を覚える努力をどれだけしたか、人よりも少し勉強に興味を持てたか、そうしたところの差がテストの点数の差になるのでしょう。

だから私は「人の頭の良し悪しを学校の勉強や数字だけで判断したらあかん」と肝に銘じました。逆にテストでは0点を並べるような子にも感情が豊かだったり、物事に対する理解力がずば抜けている人がたくさんいるとも思うようになりました。

高校時代にそんな解釈をしたので、勉強には一切執着がなくなり、子育てでも子どもたちに「勉強せえ、勉強せえ」とは言いませんでした。もし私の子どもたちが1000人や1万人に一人の秀才なら勉強のジャンルで伸ばそうと思ったでしょうけど、どう考えても私らの子はそっちのタイプではないように見えました。

いつも子どもたちに言っていたのは、「自分の体を動かして、生きる力を持った人間になれ」ということでした。今、ウルフで言ってることと同じで、あとは自分の特色をどうやって生かしていくか。ここは親の仕事でもあります。私自身も子どもが大好き、野球が大好きという特色から今の私になっていきました。5人の子どもたちが成長していくなかで、子どもによって何に興味があるのかを見誤らないことが親の務めと思っていました。

23ページでも触れましたが、5番目の息子はイギリスで家具職人をやっています。子どもの頃は野球もやりましたが、そこには全然はまらなかったようです。運動では走り高跳びや鉄棒が得意で、高校では新体操部で頑張りました。

でも、この子は運動とはまったく違う能力を持っていました。小さい時からとにかく手先が器用だったのです。小学生の頃に木片や布切れを使ってミニチュア版のキッチンセットを作ったり、刺繍《ししゅう》をしたり、明らかに他の4人とは興味の向く先が違っていました。ウチは4番目だけが女の子ですが、この子も上の3人の兄と同様に活発に運動を続けたので本当に5番目だけ方向性が違いました。

でも、その違いを感じた時、私は「親の思い込みで道を決めてしまったら、18歳までにこの子の才能を潰してしまう」と思ったのです。だから一切、こちらからは何をしろとも言わず、やりたいようにさせました。

中学の時にこんなことがありました。翌日が英語のテストという日の夜。四男が「熱がある」と言うので「勉強はええからはよう寝ぇ」と寝るようにうながしました。その日は寝たと思っていたら、朝早くに四男が「母ちゃん、こんなんできた」と毛糸で編んだ5本指の手袋を差し出してきたのです。これがまた見事なでき栄えで驚きました。「いつから作ってたん？」と聞くと「昨日、あれから」と言ったので、またびっくり。

私も編み物が好きでいろいろ作って生活費の足しにしていたこともあるので、あの短時間で5本指の手袋を完成させることがどれほど難しいかはわかっていました。「勉強もせんと何しとったんや！」なんて言う気にはさらさらならず、むしろそこで決定的に心に決めたのです。「絶対にこの才能を潰したらあかん」と。

その後、四男は高校、大学を出て建築関係の仕事につきました。モノ作りという点で相性は悪くないと思っていましたが、本人が思い描いていた仕事と違うところがいろいろとあったようで、2年働いたところで退社。その後は単身イギリスに渡り、現地で専門学校に通い、今では家具職人としてしっかり生計を立てています。

先の人生を考えるなかで「これがやりたい」と心から思えるものがイギリスにあったのでしょう。英語の「え」の字も話せなかったのに、たいしたものだと思います。好きな道を歩むと自分で決めたから、困難にもへこたれず乗り越えられたのでしょう。

たった一度の人生ですから自分がやりたいこと、自分の特色を生かせる道に進めたら、こんなに幸せなことはありません。勉強が好きな子どもであればその道に、勉強以外が得意な子どもはそれぞれの道に。子どもの特色をよく見て、興味のあるものを見つけ、本人が頑張れる方向へ導いてやる。これもまた、親の大きな役目だと思います。

30 親が先回りしてもろくなことにならない 子どもに悩ませ、自分で決めさせるべし

多くの子どもたちを預かっていると、年に数回は保護者から「チームをやめようと思っています」という相談を受けます。理由は人それぞれなので、まずは話をしっかり聞いたうえで私は「できるだけウルフで頑張れないか」と話をします。

やめたいと漏らすケースの多くは、試合に出られないことへの不満があります。ウルフは団員数が多いため、どうしてもこの種の話が出てくるのです。ただ、本人より保護者が我慢できないケースもあります。「ウチの子もこれだけ頑張っているのに……」という親心はわかりますが、時に保護者自身のプライドからものを言っているように感じることもあります。

私が何より大事にしているのは、子どもの気持ちです。本人が本音のところでどう思っているのか、ということです。

ある親子が「やめたい」と言ってきた時の話です。すでに他チームの見学にも行っていて、保護者の気持ちは固まっているようでした。それでも、私は本人に言いました。

「お前の人生なんやから、親に決めてもらうんやなくお前が選んで決めろ。そうしたらおばちゃんはお前がチームを移っても、残るとなってもどっちも応援するから」

本人からはもっと試合に出たいという気持ちも伝わってきましたが、ウルフに対する愛着も口にし、迷っているようでした。試合に出たい気持ちはわかります。一方で試合に出られないなかでも、上を目指して努力することもまた大事なのです。

保護者のなかには「試合に出ることがこの子のため」と考える人もいます。たしかに試合経験を積むことで、選手は大きく成長します。しかし、悔しい思いを抱きつつもめげずに頑張ることも人間的な成長につながる貴重な経験になります。そのあたりを保護者が子どもにしっかり伝え、最後は本人が納得して結論を出す。決して保護者が誘導してはいけません。

別の親子が「やめたい」と言ってきた時は、こんな理由でした。チームや境遇に不満があるわけではなく、むしろ個人的な原因があり野球そのものをやめようか迷っていたのです。じつは本人と父親の間で「毎日１００本の素振りをする」という約束をしていたのですが、子どもが段々と約束を守れなくなり、そこから野球自体も楽しくなくなっていった……ということでした。そこで私はこう言いました。

「１００本が無理なら、自分のやれる回数をもう一回、親に打ち出してみろ。これならできるという数を出して、もう一回約束してみろ」

するとその子は「50本ならできると思う」と言ったので、これを保護者に約束させました。そして「自分が決めたんやから、さぼらんな」と確認すると、その子は「はい」と答えました。無事、チームに残ることになったのです。はじめの「１００本」という数がどんな流れで決まったのかはわかりませんが、再設定した「50本」のように自分で納得して決めた数なら、簡単には投げ出さないものです。やはりどんな決断でも子ども本人に決めさせることが大事だと思います。

チームをやめたいというケースでは、「チーム内でいじめられているのでやめたい」と相談を受けることもあります。保護者とすれば、心配になるのは当然です。まず大事なのはその「いじめ」の程度です。子どもが心を深く痛めるほど深刻なものなら、私たちはいじめた子の問題に対処しながら、チームを離脱した方が本人のためになると判断することもあります。しかし、ウルフでは多くの大人で子どもを見ていて、活動日も基本は週末のみ。いじめがエスカレートする環境とは思えないため、深刻な状況ではないと判断すれば保護者にこんな話をします。

「これからはいつも以上に子どもさんのことを注意して見ていきますから、もう少し頑張ってみませんか？」

私自身、小学校から高校までいじめを受けてきた経験があり、そのつらさは身をもってわかっています。同時にいじめを乗り越えた時に、自分自身が本当に強くなれた経験もあります。

子どもは子どもの世界で、日々いろいろなものと戦っています。乗り越えられるなら、踏ん張って乗り越えさせてやりたい。そんな気持ちが私にはあります。それでも、大事なのはやはり本人の気持ちです。ここをきちっと確認します。

「おばちゃんもしっかり見てやるから、もう少し頑張ってみるか？　頑張れるか？」

「あかんと思ったら言いに来たらええからな。どうや？」

不安を抱えている子どもにとって、事情をわかり、自分を見てくれている者がいるということは大きな安心材料です。そのことを本人にしっかり伝えて、本人が「頑張ってみる」と前向きな気持ちになれば、あとは周りの大人が全力で支えてやることです。

保護者とすれば気が気でないでしょう。子どもが悩み、困っている姿を見ればすぐに手を差しのべたくもなります。そこで子どもの話を聞き、アドバイスを送りながら手を差しのべたい気持ちを我慢することも時には必要です。親もつらいですが、子どもが直面している困難な状況からすぐに離すのではなく、見守りながら、親も一緒に戦うのです。大きな壁を子どもが乗り越えた時には、親子ともども強くなっているはずです。

31 子どもがどんなに遅い時間に帰ってきても私が「おかえり」しか言わない理由

子どもが13歳から17歳の頃に反抗期を迎えると、親が何を言っても子どもの耳には素直に入りません。とくに男の子に対して母親がしつこくあれこれ問いただすと、よけいに関係は悪化します。言っても無駄な時期は何も言わないこと、これに尽きます。

私は子どもたちが高校時代、たとえ1週間家に帰ってこなかったとしても、帰ってきた時には「おかえり」としか言いませんでした。もう一言つけるとしたら、せいぜい「たまには親のご飯も食べや」と言うくらいです。

子どもには子どもの世界があります。まして高校生にもなれば世界も広がってきますし、私には「子どもは家の外で育ててもらうもの」という持論もあります。1週間帰ってこなくても、「どこかで誰かのお世話になってるんやろう」と無駄に腹を立てることもありませんでした。

おそらく多くの保護者は1週間も家を空けて戻ってきた時には「どこ行ってたんや！」「誰と遊んでたんや！」と子どもを追及するでしょう。でも、それをやってもいいことは何もないのです。思春期の子ども、とくに男の子はプライベートなこと、自分にマイナスになることはまず親に言いません。言わないのなら聞いても仕方ないですし、聞こうとするほどお互いが苛立《いらだ》つだけ。逆に追及もせず、一言だけで終われば子どもも反抗のしようがないのでぶつかり合うこともありません。

それに根本的なこととして、親は子どもが元気に帰ってくればホッと安心するのが本音です。どこまでいっても「おかえり」ですませる方がいいのです。

ただ、私の場合は子どもの帰りを待ちながら、「人様に迷惑をかけるようなことはしていないはず」と信じていました。私としても本気で子どもと向き合ってきた自負はありますから、根本のところでは子どもを信じていました。同時に、「もし警察から電話がかかってくるようなことがあれば、頭を下げて引き取りに行く」という覚悟も持っていました。もしそうなったとしても、子どものせいではなく自分の育て方があかんかったから。「自分の思いがまだ子に伝わってなかったんや」と反省して、また子どもと話をしていくしかありません。そう考えていました。

お母さんはとくに、子どもの顔を見るとつい一言、二言言いたくなるでしょう。でも、そこをこらえることも子どもに対する信頼であり、「おかえり」ですませるから伝わる親の思いもあるはず。ぜひ、試してみてください。

32 子どもは家の中だけで育つんやない よそでお世話になって成長するんや

今の吹田に住む以前は大阪の関目で暮らしていましたが、その頃から今に至るまで我が家はほぼ出入り自由です。

5人の子どもたちの友達から近所の子、初めて見るような子まで、常にいろんな子どもが遊びに来ていました。だから自分の子どもは5人なのに、いつも7～8人は子どもがいる感じでした。オリックス・バファローズで活躍した岸田護（現二軍コーチ）もよく家に来ていました。岸田はウルフとは別のチームで野球をやっていたんですけど、遊びに来てはお父ちゃんにバリカンで頭を丸刈りにしてもらっていました。

子どもたちみんな、ウチに来る時は「ただいま」と玄関を入ってきて、私は入ってきた時から全員をウチの子と思って接していました。私の子どもたちも外で多くの人に育ててもらっていたはずなので、そのお返しをしている気分もありました。「ウチの子」と思っているので何も気をつかうこともなく、私は私のペースで動いていました。

子どもの友達が家に遊びに来るとなると、今は気合の入ったお菓子を出したり、時にはお土産を渡したり……。いろいろ大変みたいです。でも、当時はおやつも適当なものがなければなしで、気にもしていませんでした。

出すとしてもごく簡単なもの。パンのへた（耳）を袋詰めしたものが20円で売っていて、それをよく子どもに買いに走らせ、即席のおやつを作っていました。パンのへたに粉糖とココアを混ぜたものを塗って、オーブンで焼くとラスクのようになるのです。これはおいしいと好評でした。あとはジャガイモを焼いてマーガリンを塗ったものも子どもの評判がよかったです。

食べて遊んで17時になったら、みんな「さよなら〜」と帰っていきました。後になって遊びに来ていた子どもの親からお礼の電話がかかってくるようなこともほとんどなし。昔はどこの家にも遊びに行ったり、遊びに来たり……だったので、親同士も気をつかうことがありませんでした。気楽な時代でしたね。

子どもにとってはいろんな友達の家へ遊びに行って、その家のルールのなかで数時間を過ごすことはすごくいい経験になったはずです。自分の家とは違う決まり事や習慣に触れながら、気づくこともあったでしょう。それによその家に行けば、礼儀も尽くさないといけないのでマナーや常識も覚えられる。だから私は子どもが友達の家に遊びに行くのは大歓迎でした。

「外へ出た方が子は育つ」というのが私の持論です。今はその点、子どもが学び、育つ機会がずいぶん減ってきているようなので、もったいないなぁと思います。

昔は本当にいろんな子がウチに来ていました。岡山に住んでいる知り合いの子どもが「予備校に行くのに通いやすいから」とウチに住み込んで長い間、暮らしたこともありました。他にもウルフの卒団生で「宅配便のアルバイトに行くのに便利だから」と、1カ月ウチから通った子もいました。

もちろん、ご飯つきでたっぷり食べて、1カ月たったら「おばちゃん、ありがとう！」と一言残してサッと帰っていきました。そんな時でも、その子の親から連絡がくることもありませんでした。そういう時代でしたし、我が家はとくに「出入り自由」どころか、「寝泊まり自由」の家でしたね。

こうした背景があり、私は「子どもの成長には他人の大人と多くかかわることがとても大事だ」と思うようになりました。親とも先生とも違う大人から学ぶことは多く、そこでまたたっぷりの愛情を受けて育つことが成長にプラスになるのです。

子どもが多くの大人とかかわるためには、親のありようが大切になります。親の無意味なプライドや都合によって、そういった縁やつながりを切らないこと。そして親は世間に出たら常に子どものために頭を下げられるようでないといけません。このあたりは今の保護者のみなさんにもよく話をします。

「自分のところの子どもも、どこでお茶一杯もらって、どこで転びかけたところを助けてもらってるかわからんのやから、頭上げて歩いとったらあかんで。いつも『ありがとうございます』『お世話になってます』と下げられる頭にしとかなあかんで」

私が住んでいる団地の周りでは、ウルフの子どもたちが新聞回収でお世話になっています。普段から子どもたちに声をかけてもらうこともあるので、私が外を歩く時も自然と頭が低くなっています。昔に比べると周りとのつながりや地域内の触れ合いも少なくなっていますが、子どもたちが多くの人たちに育ててもらえるような社会であってほしいと願います。

33

引きこもりを作ったのは誰か？ 愛の伝え方を間違えたらあかん！

日々のニュースを見ていると「イヤな事件が増えたなぁ……」と年々思うようになりました。子どもたちの未来を考えると、心配が絶えません。

凶悪犯罪の報道を見ていると、「加害者はどうしてこんな考えを持つようになったのか」と考え込んでしまいます。家庭環境はどうだったのか、愛情を注いでくれる大人は周りにいたのか。思いを巡らせると、いつも行き着くのが「プライド」の問題です。

本人のプライドが傷つけられたことで、心が壊れてしまったのか。親のプライドが邪魔をして子どもが引きこもり、気づけばおぞましい凶悪犯罪を起こしてしまったのか。思えば大きな事件から私たちの日常で起こる些細なもめ事まで、事が起こる時にはだいたいプライドが関係してくると私は思っています。

長く子育ての現場に立ち、多くの親子とかかわっていると、このやっかいなプライドを感じる場面にチラチラと遭遇します。たとえば、こんなことがありました。

ウルフの卒団生のお母さんと久しぶりに顔を合わせた時のこと。「今度、息子が大学に入ります」と言われたので、なにげなく「どこの大学に行くんですか？」と聞き返すと、お母さんは声を落としてこう言ったのです。

「おばちゃん、聞かんといて。言えるようなとこやないから」

じつは似たようなやりとりをしたことが、これまでに何度かありました。私はそんな時に「あぁ、お母さんのプライドやな……」と思い、子どもがかわいそうになります。勉強に執着のない私からすると、「どうして子どもがこれからお世話になる大学をそんなふうに卑下するのか？」と思います。

そうさせているのは、お母さんのプライドでしょう。でも、そんなプライドは必要でしょうか？　子どもが取った点数に見合う大学に行って、そこで友達をいっぱい作って、頑張ったらいいだけのこと。それができれば、そこが子どもにとっての「いい大学」になるはずです。大学の名前やブランドを基準にするから、そう思えないのです。

私が子育てをしていた頃、同世代の保護者たちはどんどん学歴社会へ突っ込んでいきました。試験の点数が何より大事。受験に勝って、いい高校、いい大学へ行き、いい会社に入ればいい人生を送れる……。多くの保護者のなかでは、それが人生の最大の目標であるかのように幻想がふくらんでいったのです。

そういう時代で、家庭教育がどんどんおろそかになっていったと感じます。そして、その時代に育った子どもたちが今、40～50代となり多くが親になっています。体験が与える影響は大きいですから、学歴社会で育てられてきた人は子どもにも同じような教育を与えていたとしても不思議ではないでしょう。

あるいは、「自分は思うような成績を取れなかったから、自分の子どもにはもっと勉強させてやろう」とより熱を注ぐ人もいるでしょう。でも、勉強、勉強……と詰め込まれ、親自身の期待を背負い込まされた子どもが途中でつまずき、プライドがくじかれ、立ち直れなくなってしまうこともあるのです。

勉強に限りませんが、「これがあんたのためになる！」と親が力を込めて押しつける子育ては、本当に子どものためなのでしょうか。子どものためと言いながら、実際は親自身のためではないのでしょうか。私はいつもそう思います。本人が望んで、自分の一番の持ち味や興味を持っていることにのめり込んでいくならいいのですが、親の思いや都合でしぶしぶ机に座らせられるとしたら、子どもにとっては苦痛でしょう。本人が納得した状態でやっていないので、子どもがつまずいた時にもろく、立ち直るのに苦労することにもなるでしょう。

親に本物の愛があるなら、動物界のようにまず親は子に真の生きる力をつけさせてやることです。人生とは思うようにはいかないことがたくさんあります。大きな失敗をしても、その経験を生かして立ち上がれるたくましさや強さを身につけていれば、何度でもチャレンジできます。そんな力をつけさせてやることが、親の務めのはずです。

今の子育てを見ていると、親のプライドやエゴを受けて育った子どもたちが大人になった時、どうなっていくのか。また、自分が親となり子を育てる時、どんな子育てをするのか。すごく怖い気持ちになります。私は三十数年前にお母さんたちが集まったある会で、言ったことがあります。

「日本はこれから子どもをよほどしっかり育てないと、本当に大変な国になっていきますよ。30年後がメッチャ怖いんです」

親の意識が学歴社会に一気に突っ込み、子どもが生きる力をつけるための教えをおろそかにし始めていると感じていたからですが、残念ながら私の想像した通りの世の中になってきています。しかし、今からさらに30年後を考えるともっと恐ろしい気持ちになります。保護者は子どもがこの厳しい世の中を生き抜いていくための力を持てるよう、持っている知識、知恵を全部注いで子どもを育てなければなりません。親のプライドなんて、子どもが生きていくなかでは何の力にもなりません。

いつもうるさく怒っているのは誰のためですか？　それは本当に子どものためですか？　今一度考えてみてください。

34

腹のなかにいる時は自分の持ちもの ヘソの緒を切ったら世の預かりもの

これまでにも触れましたが、ウルフのような大所帯のチームだと「チームをやめたい」「他のチームへ移りたい」といった話がポツポツと出てきます。理由はさまざまですが、お母さんが「ここでは試合に出られないので、他のチームに移ります！」と勢い込んで話してくることもあります。

お腹を痛めて生んだ子どもに対する母の愛情は半端ではありません。だから母親はかわいくて仕方がない子どもを常に全力で守りにいきますし、子どもの言うことはひたすら正しいと信じます。少しでも子どもの状況がよくなるようにと、必死になって動きます。でも、愛情がいき過ぎて溺愛にもなりやすい。とくに最近は子どもに対して「かわいい、かわいい」という感覚のままいってしまう母親が少なくありません。

でも、それでは子どものためにはなりません。ウルフのお母さんには、私はこんな言い方をします。

「子どもがお腹《なか》のなかにいる時はあなたのもの。でも、へその緒を切って出てきた時から子どもは世の中の預かりものになるんやで。世の中に何か返せる人間に育てないとあかん。そのためにも世の中で通じる子を育てるのが親の責任。そこを考えてや」

私が全力で話をしていくと、退団を考えていた母親でも「もう少し息子と頑張ってみます」と思いとどまるケースが結構あります。

しかし、お父さんが窓口となって「チームをやめたい」と連絡がくると、翻意させるのは難しいことが多いです。というのも、男性の多くは厳しい社会で長く働いてきています。つまり、社会で生き抜く厳しさを肌で感じて、子どもが将来そこで生きることの大変さも想像できるわけです。自分の置かれた状況にいくらかの不満やつらさがあっても、踏ん張ってみることで生きる力もつく、先々にもつながる……。本来ならそのことに思いを馳《は》せられる存在であるはずのお父さんが、先頭を切って「やめさせたい」と言ってきたとなると、「あぁ、私の考えは通じないな」と思ってしまうのです。

お母さんにもお父さんにも一番考えてほしいのは、当たり前ですが子どものことです。「子どものため」と言っておきながら、子どもを自分たちの所有物のように思ってはいないでしょうか。

この世に生まれた時から、子どもを「社会のもの」「世の預かりもの」と考えられれば、本当に子どものためになる判断ができると思います。

35
体験なくして成長なし！学びの場を与えるのが親の役目

週末は野球、平日は料理。大雑把に言えば、これが今の私のライフスタイルです。料理は長年続いている公民館講座、さらに小学校でも子どもたちに味噌作りを教え、私の自宅に習いに来る人にも即席料理教室といった感じであれこれ教えています。

子育て世代のお母さんに手ほどきをしていると、「もったいないなぁ」と思うことがよくあります。何がもったいないのかといえば、料理への意欲も基本的な腕前もあるのに、母親から料理のイロハを教わってない人がいるからです。長年、家族のためにたくさんの料理を作ってくれたであろうお母さんは、間違いなく多くのノウハウを持っているはずです。そんな貴重な財産を受け継いでいないのですから、もったいない話です。

私は娘が3歳の頃から台所に入れて、私の持っている料理作りのノウハウを伝えてきました。私が作る料理を見せ、簡単なものならどんどんやらせてみる。これは私が母親から「料理は絶対に娘に受け継がなあかん」と言われていたからで、その結果、娘は料理なら何でも手際よくできるようになっています。周りを見ていると、私たち世代の母親は子育てのなかで受験勉強に熱心になるあまり、料理を含む家事全般のノウハウを娘に継いでいない流れがあるように感じます。あまりにもったいないことです。

何事も体験学習が大事なのです。その機会を保護者は子どもにどれだけ作ってやれるか。それもできるだけ早くから体験の機会を作ってやることです。ここで子どもたちの成長に差が生まれることも多いのですから。

運動でも多少の遺伝的要因はあっても、幼少期の運動量や運動経験がその後の運動能力の差になることはウルフの子どもたちを見ていても感じます。打つ、投げる、捕るといった野球の基本動作も、「こう振ったらバットに当たるのか」「グラブをこう出せばうまく捕れるのか」……と体験を繰り返しながら、コツをつかみ体で覚えていくのです。

さらに体験を積むと、知恵と工夫もついてきて技術向上のスピードも上がっていきます。だからこの体験をどれだけ積ませてやれるか。運動なら、運動能力が発達していく幼少期から小学生のできるだけ早い時期に積ませてやりたいところです。運動も料理も生活習慣の習得も、大きなポイントはここにあります。

保護者はとにかく子どもに何でも経験させてやること。その機会を作ってあげること。失敗を含めて経験を積むことで、能力も身につき、人としての幅も広がっていきます。

36 嫌味、皮肉、一言多い言動は厳禁 言葉一つで傷つけ、修復もできる

子どもたちと向き合うなかで、つくづく言葉の力を感じます。同時に言葉の怖さも感じます。65ページでも書きましたが、私は子どもたちに「自分が言われてイヤなことは人にも言うな。されてイヤなことはするな」と繰り返し言っています。

人として当たり前のことではあるのですが、実際に身の周りを見ると、なかなか守られていないのが現実でしょう。私は小学校から高校まで受けたいじめのなかで、何度も心ない言葉によって傷つけられてきました。昨今は体罰問題が取り沙汰されますが、時には手を上げられるよりはるかに深い傷を相手に残すのが言葉です。叩かれた痛みは時間がたてば消えますが、心の傷は一生消えません。

そんな経験があるので、私は人を傷つけ、おとしめるような言葉は使わないと心に誓って生きてきました。そして、子どもたちにも繰り返し伝えています。

また、これは子どもだけでなく、保護者も含めて伝えたいのは「嫌味、皮肉、一言多い言葉は使わないようにしよう」ということです。「あの人はほんま嫌味やな。皮肉ばっか

りやな。いつも一言多いな……」。周りからそう思われないよう、その種の言葉は使わないようにしてほしいのです。

私もいじめを受けていた時期にそういった「口撃」もかなり受けました。こんなこともありました。私は高校3年時にソフトボール部でマネージャーを兼任していたのですが、連絡事項を伝えると部員からこんな言葉が返ってきました。

「私たちはキャプテンから言われたことは聞けるけど、マネージャーから言われたことなんか聞かれへんわ」

私がやること、なすことに何かとケチをつけて、ネチネチと嫌がらせをする。私はいつも、腹のなかでグッとこらえながら「こんな人間にはなるまい」という思いを強くしていました。そんな経験もあり、ウルフの子どもたちにはもちろん、保護者にも「嫌味、皮肉、一言多いはあかんで」と、よく言います。

たとえ直接的な嫌味や皮肉じゃなくても、ついぼやいたり、人のことをあれこれ言ってしまうことも控えたいところです。以前にウルフOBのお母さんから高校野球をやっている息子のことで、相談を受けたことがあります。指導者が特定の親と仲がよく、それによって子どもの出番が奪われていると言うのです。その母親に私は言いました。

「お母さんがぼやいたらあかん。チーム内で不平不満は絶対言うな。監督、コーチにも不満を言うな。値打ちが落ちるだけやから、ひたすら我慢しろ。そして子に対しては、とにかく陰日向なく文句言わず体を動かすように育てろ。それが親としての務めや！」

一方、本人には母親に伝言する形で、こう伝えました。

「堂々と戦って、自分の実力でポジションを取り戻せ！　なるかならんかはわからんけど、やり通せ。陰日向なくやっていたら、必ず誰かが認めてくれるから」

その子は3年夏に見事ポジションを奪い返したそうです。後日、お母さんと会った時には「私はあの頃、ついぼやいてしょうもない母親になっていました」と言ってきました。

世の中には、ぼやきたくなることはいくらでもあります。とくに大人の世界はそんなことばかり。でも、不平不満を言っても何の得にもなりません。自分の価値を落とすようなことを言わない。子どもも親の言動を見ていますから、家のなかでも嫌味、皮肉、一言多い言葉を使わず、ぼやかないこと。保護者にはぜひ気をつけてほしいです。

一方で言葉には一言で人を笑顔にしたり、勇気づけたり、こじれた関係を修復するような力もあります。関係の修復といえば、以前にこんなことがありました。

ウルフが活動する地域に、同じく学童を対象にしたサッカーチームがあります。お互い近隣の小学校、中学校のグラウンドを借りて練習しているので、よく顔を合わせますが、私はこのチームの指導者と長年関係がよくありませんでした。若い頃に些細なことでもめたことが何度かあり、気づけば30年ほど「冷戦状態」が続いていたのです。しかし、年齢を重ねるなかで「いつまでもこんな状況が続くのはよくない」と反省し、10年ほど前にこちらからその指導者に声をかけました。

「○○さん、もうケンカはやめましょう。お互い同じグラウンドを使わなあかんのやし、譲り合うところは譲り合って、仲ようやっていきましょう」

すると、向こうも同じように考えていたのか、一瞬にして笑顔になり「こちらこそ」と言ってくれました。三十数年のこじれた関係が一瞬にして修復されたのです。今ではグラウンドの確保などで困った時には連絡を取り合い、協力し合う関係になりました。

言葉一つで相手を笑顔にもできれば、絶望の淵に追い込むこともある。ならば、どちらの言葉を使うのか。答えは明白でしょう。

大人は自分たちが使う言葉に責任を持ちながら、子どもたちの言葉づかいにもしっかり目を向けていきましょう。親子間であっても、お互いに気持ちのいい言葉を使うように心がけていきたいものです。

忙しくても手軽に作れる
おばちゃん特製料理レシピ④

大福

材料／分量（7個）

白玉粉	170g
砂糖	30g
水	180cc
片栗粉	少々
餡	適量

作り方

白玉粉、砂糖、水をなめらかになるまでよく混ぜ、レンジに5分かけ(※)て皮を作る。片栗粉を敷いたバットの上に皮を乗せ、7等分に分ける。手に片栗粉をつけて餡をなかに入れて包む。

おばちゃんのワンポイントコメント

なかに入れる餡は白・黒・つぶ、とお好みで。フルーツを入れたら流行の大福、既製品を買うたら1個、いくら？　おばちゃんのお手製なら0円や。

※加熱時間は500～600Wのレンジ使用時を想定していますが、機種によって異なります。

第5章

「奇跡の80歳」が歩んだ足跡

37
権力者の存在がチームをダメにする
私が「おばちゃん」でい続ける理由

以前に、ウルフの40周年記念誌に載せた私の昔の写真をウルフの子どもたちが見る機会がありました。すると一人の子が「このお姉ちゃんどこ行ったん？　このお姉ちゃんに野球を教えてもらいたい」と言いました。思わず、「それ、私や！　おばちゃんの若い時や！」と言うと、写真と私の顔を見比べてキョトンとされてしまいました。50年以上も前の写真でしたから、今の私と一致しなかったのでしょうね。

この結婚から10年たった頃にお父ちゃんとウルフを一緒に始めましたが、当時から子どもたちの私への呼び名は「おばちゃん」でした。そして80歳になった今も、変わらず「おばちゃん」と呼ばれています。この呼び名を私も気に入ってます。

選手だけでなく、コーチからも保護者からも「おばちゃん」。OB・OGや審判、ウルフ以外の子ども、ウルフ以外のチーム関係者からも時に「おばちゃん」と呼ばれます。

ウルフのチーム総監督をやっている息子の徹でも、グラウンドでは「おばちゃん」と呼びます。私のことを「おばあちゃん」と呼ぶのは、11人の孫だけです。

お父ちゃんとチームをやっていた間は、上級生チームはお父ちゃんが監督、下級生は私が監督。この体制で長くやっていました。最初は私も認知されていなかったので、試合中にベンチにいると「女の人は監督できない」と連盟の人から言われたこともありました。一通り知られるまでは「あれ誰？」という視線は常にあったと記憶しています。

試合中も子どもたちは私を「おばちゃん」と呼んでいました。以前、試合中に子どもたちがあまりにも私を「おばちゃん」「おばちゃん」と呼ぶからか、審判が「こら、『監督』と呼ばんか！」と怒ったこともありました。これには、「いやいや、ウチはこれでええんです」と事情を説明させてもらいました。そもそも、私も「監督」なんて呼ばれたら落ち着かないですからね。

チームを作った時からずっと子どもたちにノックを打ってきましたし、私も社会人までソフトボールをやっていましたから、見本を見せながら技術も教えてきました。でも、子どもたちにいくら教えて、チームの代表者のような形になっても、権威や権力のようなものはいらないと思っていました。むしろ指導者が「権力者」になってしまうと、誰も何も言えなくなってしまい、トラブルの原因になるのではないでしょうか。

私はいつまでも子どもらと一緒に野球を楽しむ「おばちゃん」でいるのが一番幸せなのです。他には何もいりません。

38
ノックを打ち続けて50年
心が動かす体は故障知らずの衰え知らず

２０２０年の1月末で誕生日を迎え、私は80歳になりました。自分ではとくにどうとも思っていないのですが、周りからは「80歳でまだノックを打ってるんですか！」「まだ子どもと一緒に動いてるんですか！」と驚かれます。ノックをこれだけ打ってきても腰、ヒザはなんともありません。以前にヒザに違和感が出た時に置き針をしてもらった治療院の先生からは「おばちゃん、足太いなぁ」と感心されました。グラウンドでも家のなかでも動き回ってるから、太ももやふくらはぎの筋肉があるのでしょうね。

あとは腕の筋肉。とくにヒジから先はなかなか筋肉がつきにくいらしいのですが、力を入れたら筋肉がしっかり盛り上がります。これはバットを振ってきた成果でしょうね。骨密度や血液も今のところ問題なし。体の変化といえば、前は１５５センチあった身長が１５３・５センチに縮んだくらい。ここは80歳なので、仕方ないですね。

今はみんなに元気、元気と言ってもらいますけど、生まれた頃は病弱で「２歳まで生きられるかどうか」と言われていたそうです。百日咳《ひゃくにちぜき》と腸の病気で医師からは「いつどうなってもおかしくない」と言われていたとか。

戦前生まれで終戦後しばらくは栄養状態もよくないなか、何がどうしたのかどんどん元気になり、中学からはソフトボールを始めました。社会人までプレーして、その後はお父ちゃんと結婚。しばらくしてウルフを作って、もうすぐ50年です。その間、土日は夏も冬もグラウンドでしっかり動いて、平日は食に関する仕事をして、料理にもどんどん興味が向いていきました。健康的な生活と言われればそうなのかもしれません。自分では自分のことしかわからないので何とも言えませんが、私を見た人が元気だと感じるとしたら一番は気持ちだと思います。

私はこれまで「しんどい」と口にしたことがありません。みんなに驚かれますけど、そもそも自分のなかに「しんどい」という概念がないので、その感情が浮かばないのです。睡眠時間が2時間でも「しんどい」と思うことも、口にすることもありません。「それでも体が重い時、動かない時もあるじゃないですか?」と言われますけど、本当にしんどいと口にしたことがないからわからないのです。いつも口にしている人は、自分で自分をしんどくしているのではないでしょうか。

体を動かすのは心。それが私の持論です。たくさん寝たら体が軽くなって、しんどくなくなる……と考える人は、「体」が先で、「心」は後からついてくると考えているのでしょう。

でも、私は絶対に「心」が先、心が体を動かすと考えています。

今、大病明けでリハビリ中のお父ちゃんと一緒に毎日お風呂に入っています。事情を知った人からは「おばちゃん、それは無理やろ」とか「そこは人に任せた方がええよ」と言ってもらうのですが、私は別に無理をしているわけでもなく、ごく普通の感覚でやっています。たしかにお父ちゃんは体格もいいのですが、自分で立てますし、支えがあれば歩けます。私が少し手伝ってやれば、何ということもないのです。私が体を洗ってる時にお父ちゃんは湯船のなかにイスを入れて浸かって、その後にお父ちゃんを洗って風呂場から出る。二人で仲よく入っています。

私が80歳と聞くと、みんないろんなことに対して「それは無理でしょう」「大変でしょう」と決めてかかります。でも、人間は無理と思ったら無理、やれると思えばやれる。やっぱり、気持ちなのです。睡眠時間は子どもたちが高校生の頃は平均3~4時間でした。

今は23時くらいまで家の用事をしたり、お父ちゃんの相手をしたりして、23時過ぎからが私の時間です。ゆっくりテレビを見たりして、夜中の1時頃に就寝。朝5時頃には目が覚めて、しっかり起きるのは7時頃。若い時から4時間も寝たら十分でしたけど、これが仮に3時間だったとしても「よう寝た」と思えれば、それでいいのです。「3時間しか寝てないからしんどい」と思ってしまうと体も重くなるのでしょう。

私は睡眠時間に関係なく、朝起きたらいつでも「さあ、今日は何しようかな」と朝をスタートさせます。「もっと寝たい」「もっと時間があったら」と思っても、実際に寝られるわけではないなら、そんなことを思っても仕方がないじゃないですか。

本来なら健康のはずなのに体が動かないという人は、頭の訓練をしたらいいのではないでしょうか。「しんどい」と思う心をなくしてしまえるように、自分の頭でそう仕向けるのです。心を鍛えて、心を変えてしまう。そうすれば、心が体を動かせるようになるはずです。何も特別なことではありません。

せっかく地球に生を受けているのに、体を使いきらないともったいないでしょう。あと何年、生きられるかなんて誰にもわからないのですから、精いっぱい生きないと。「しんどい」とか「休みたい」とか、そんなことを思っている時間ももったいない。

私はもし90歳で死んだとしても、「寿命をまっとうした」なんて絶対に思わないはずです。「まだまだやりたいことがあったのになぁ」と悔しさいっぱいのなかで死んでいくでしょう。でも、それくらい生ききらないと、本当にもったいないと思っています。

シートバッティング中、間が空くとおばちゃんが手持ち無沙汰の野手陣にノックを打つ

なるべく次のプレーに支障が出ないよう、また野手に成功体験をつけるために真正面に打つ

おばちゃん流ノックの極意

80歳になったおばちゃんだが、今も現役指導者としてグラウンドではノックを打つ。とくに野球をはじめたばかりの子や、積極的に自分を出せない子に対してのノックは熱を帯びる。また、シートバッティング中に投球の合間など、わずかな時間を生かしておばちゃんは各ポジションにノックを打つ。「子どもが退屈しないように」というおばちゃんの心づかいだが、次のプレーに支障が出ないよう「子どもを一歩も動かさないようグラブを目がけて打っている」という。子どもに「捕れた」と自信をつけさせる配慮もあるそうだ。

39 キーワードは「減らん体」 身を惜しまず常に体を動かせる人間に

我が家の子どもたちから「父ちゃんと母ちゃんが言い争いをしてるのを見たことがない」と言われることがあります。私も記憶にないので、おそらくないのでしょう。

結婚当初からお父ちゃんは絵に描いたような亭主関白でした。台所には一歩も入ったことがなく、それは今も変わりません。私はお父ちゃんの言うことは１００パーセント聞いています。私はお父ちゃんが気分よくしてくれていたら何より幸せなので、この先も「ノー」と言うことはないでしょうね。

今、私が何とかならんかな、と思っていることは世の中の離婚率の高さです。不満というものは、相手に「あれをやってほしい」「もっとこうしてほしい」と求めるから出るのでしょう。私はそんなことを思う前に、自分から動きます。私の口グセの一つが「減らん体を動かせ！」。体はいくら動かしても、減ることはありません。自分が動けばいろんなものがスムーズに進んで、もめ事も減ると思うのです。やらされる発想ではなく、自分から動くという発想。私の場合は子どもの頃から徹底して家の手伝いをしていましたし、できることは何でもしようと常に体を動かしていました。そのなかで減らん体を動かす習慣もついたのでしょう。

野球でもチームのために自分が率先して体を動かしたら周りも動くようになるし、周りからも認められるようになります。バット引きでも声出しでも、まず自分が動く。

私の娘が高校の時、全国クラスのバスケットボール部にいました。入学すると実力的にレギュラーになるのは難しいとすぐにわかったので、私は娘に言いました。

「どれだけ頑張ってもトップメンバーになれんなら、補欠の一番になれ」

娘は娘なりに考え、動きました。毎日同級生のブラウスなんかを持って帰ってきて、洗濯してアイロンがけして持っていくようになりました。1年でもトップチームに入っている子は練習時間が長く、寮住まいでは洗濯も上級生がいると思うようにできない。そこを代わりにやってあげよう、と仲間のため、チームのために体を動かしたのです。

人に求めるから「動いてくれない」と不満が出ます。その前に自分が減らん体を動かせばいい。この習慣を早くに身につけたら、自分も楽になります。実際、体を動かしたからといって、しんどいということはほとんどないはずです。

体を動かすことを惜しまずやれば、相手は喜んでくれるし、自分は自立した気分になれる。実践してみれば、いいことしかないことがすぐにわかります。

40 戦争、貧困、いじめを乗り越えてナニクソで生き抜いてきた80年

私が小学校に入ったのは、ちょうど戦争が終わった翌年でした。当時住んでいた尼崎は工業地帯で、戦時中はいつも町が焼けて空からは燃えカスの灰が落ちていました。空襲警報が鳴ると防空頭巾をかぶって、防空壕へ逃げる。アメリカの戦闘機がすぐそこまでやってきて、家のトイレの窓が割れたこともありました。

終戦後もしばらくは、食べるものも着るものもないような時代が続きました。根性で生きていかないとどうにもならない状況で、まさに貧乏のどん底。父が道楽で持っていたお金も使ってしまい、母が編み物をしたり、兄が働いて何とか暮らしていました。私の高校の授業料が払えなかった時も、兄が必死に助けてくれました。バスの定期代も用意できず困っていた時は、学校近くの下宿屋にいたお兄ちゃんが１０００円で自転車を譲ってくれて高校に通うこともできました。

私が無駄なお金をつかいたくないのも、この時期の体験があったからでしょう。母親が私の長靴を買ってくれた時に数百円が払えず、お店の人に「月賦でいいですか?」と聞

いているのを見て、私はそこから何一つ母に「買って」と言えなくなりました。

そんな暮らしのなかで私に元気をくれたのが、ソフトボールとの出合いでした。小学5年生の時、校内の球技大会で初めてソフトボールをやったら、これがとにかく楽しくて。普段のつらい生活もソフトボールをしている時だけは忘れられたのです。

中学に進むと迷わずソフトボール部に入ることを決めました。しかし、明治生まれの父からは「女が棒っきれなんか振り回すもんじゃない！」と大反対を受けます。こっそり入部したものの、しばらくして父にばれて、一度はバレーボール部に転部。それでも、どうしてもソフトをやりたかったので、親に黙って復部しました。その後も高校、社会人と続けました。ソフトボールとの出合いがなければ、今の私も、おそらくウルフもなかったでしょう。よくここまでつながったなと思います。

大好きなソフトボールでしたが、つらい思い出もよみがえります。試合用の靴（当時、スパイクはありませんでした）だけはなんとか親に買ってもらい大事に使っていましたが、練習用の靴は破れてしまうと次が買えないのです。だから、部室にみんなが履かなくなって積み上がっていたものをもらって履いていました。でも、そこにあるのは左足用の靴ばかり。というのも、右投げの選手は投げる時に右足のつま先が地面にこすれて破れるので、左足用の靴ばかりが余るからです。だから私は左足用の靴を右足に履いて練習していたのです。それをある時、事情をわかっていないコーチから「お前の足はなんかおかしいなぁ」と笑われて、悔しい思いをしたこともありました。

私は体が小さかったことでからかわれ、小学生の頃からいじめられるようなっていました。中学の時は少し収まったのですが、高校でまたエスカレート。ソフトボール部でもいじめられ、常に退部届をカバンに入れて学校に通っていました。

私はいくらいじめを受けても口答えをせず、ひたすら耐えました。本当はつらくてたまらなくても、「全然こたえてへんわ」という顔をしていました。私には「1番・サード」のポジションを絶対にとってやるという信念があり、それを支えに頑張ったところもあります。ところが、そのポジションをとると、またいじめが激しくなったのです。サードを争っていた選手と仲のいい子たちから「あんたがいるから、あの子が試合に出られへんようになったやろ」と因縁をつけられたのです。今思い出しても気持ちが暗くなる、つらい思い出です。

そんないじめを受けた経験から一つ、私が身につけた心の持ち方がありました。それはいじめている相手に、自分の心のなかで引導を渡すというものでした。周りから見ると私がボロクソにいじめられているのですが、私はある時から心のなかでこう思うようになりました。

「なんぼでもやっとけ。何でも言っとけ。私は絶対、お前らみたいな人間にはならんからな」

そう思うと、いじめている側がすごく愚かなことをしているように思え、耐える力が湧いてくるような気がしたのです。「なんや、私が耐えたらええだけやん。たいしたことないわ」と。つらい経験でしたけど耐える力もつき、学ぶことも多くありました。

あらためて振り返れば、この世に生を受けて間もなく戦争が始まり、やっと終わったと思えば今度は貧乏といじめにあう生活。なかなかハードな人生の前半戦ですが、それでもソフトボールに出合えた。いじめはつらくても、「自分がされてイヤなことは人にしない」「言われてイヤなことは人に言わない」という信念を胸に刻むこともできました。また、貧乏でもお金のありがたさや、人の優しさに触れることもできました。

当時はただ「ナニクソ！」と歯を食いしばって耐え、生き抜いただけでした。でも今、未来ある子どもたちを前に私が何かを伝えられるのは、これまでのすべての経験があったからだと思います。経験したことに無駄はない。すべてのことに学びがある。心からそう思います。

41

社会を学んだことがおばちゃんの原点
魚を値切りながら社会の入口に触れる

私自身の子どもの頃の暮らしを思い出すと暗い出来事が続いた時期ではありますが、天性の気質なのか不思議と明るさを失わず過ごせました。いじめる側からすれば、こたえていないように見えて、「もっとやってやろう」となったのかもしれませんが。

この時期の私の楽しみの一つが買い物でした。わずかなお金を握り締め、母親に頼まれたものを近くの市場に買いに行っていました。小学3年生の頃から一人で行くようになり、市場の人たちとも顔なじみに。それで買い物がまた楽しくなりました。

「お、ねえちゃん今日は何買う？　おすすめはこれやで」

母からは鶏肉を買ってくるように言われているのに魚屋さんに呼び止められると、そこで立ち話がスタートします。私も慣れてくると「交渉」もできるようになり、それも楽しんでいました。

「絶対おいしい？　安うしてくれる？」

「任しとき！　おまけもつけとくわ」

「わかった。これどうやって料理すんの？　お母ちゃんに教えなあかんから教えて」

商談成立。頼まれたものと違うものをしょっちゅう買って帰るので、きょとんした顔の母に市場での顚末《てんまつ》を話すのがいつものことでした。おかげで私は買い物上手になれたと思います。近くの駄菓子屋のおばちゃんからも「安子ちゃんはお金の使い方がうまい」とほめられ、うれしかったこともあります。無駄な買い物をする余裕がなかったこともたしかですが、常に頭をひねりながらいい選択をしていたと思います。

12歳までに人間としての基礎ができ上がるとこれまでにも書いてきましたが、幼少期の買い物経験も「おばちゃん」としての基盤を作ってくれたように思います。何より金銭感覚が身につき、大人との会話のなかでコミュニケーション能力も磨かれ、人や物を見る目も育っていたのでしょう。

また、人の優しさや温かさにも触れる場面がたくさんあり、市場は私にとって大人社会を初めて体感させてくれた場所だったようにも思います。

私は5人の子どもたちにも早くから買い物に行かせるようにしました。それは私の市場経験から、得るものがたくさんあると思っていたからです。ただ、今のスーパーやコンビニでは当時の感覚は味わえません。子どもたちにとって自然に大人と触れ合え、社会を学べるような場所が今の時代にもっと増えてほしいと思います。

42

働かずして得るべからず！我が家もチームも「労働報酬制」

　今の子どもはお母さんとスーパーで買い物をしている時、ほしいお菓子を見つけるとお母さんが持っているカゴに入れるだけ。お母さんがそのカゴをレジに運んでカードで支払いをすると、現金のやりとりを目にすることもない。でも、レジを通過するとほしいお菓子が手元にやってくる。ほしいものを選んでカゴに入れたら自分のモノになる感覚があるのではないでしょうか。キャッシュレスという時代が進むなかで、子どもたちの金銭感覚がどう育っていくのか。私はちょっと怖さを覚えています。

　お金の価値、お金のありがたみを実感させる意味でも、ウルフで各家庭にお願いしているのが「労働報酬制」です。たとえば、ウルフではユニホームは支給しますが、帽子やバッグは買い取りで帽子なら一つ３０００円します。これを保護者がお金を払ってすぐ買うのではなく、帽子を買うために各家庭で子どもに働いてもらいます。親と子どもの間で１日１００円の条件で約１カ月、ゴミ集めでも肩叩きでも何でもいいので、家の手伝いをする約束をします。そして約束通りの日数をやり終えたら、親から帽子代金の

３０００円を子がもらい、それを次のウルフの練習日に持ってきて帽子を受け取るのです。子どもは「モノを買うというのはこういうことだ」「お父さん、お母さんはいつもこうやっていろんなものを買ってくれてるんだ」と実感できます。

労働報酬制は、私の子育てでもやってきたことです。棚原家では普段は小遣い制でやっていましたが、特別にほしいものが出た時は私と子どもの間で約束を交わします。たとえば「玄関前の掃除を１回30円で１カ月」と約束し、やりきったら子どもはその代金でほしいものを買うようにしていました。

労働をせず、臨時小遣いという形で渡すと他のきょうだいから不満が出ます。でも、労働報酬制にすれば、周りも「１カ月働いてたからな」と納得します。

もっと金額の高いものを買いたい時には、正真正銘の労働報酬制を取り入れていました。上の男の子３人は中学時代から新聞配達のアルバイトを、下の２人は小学生の頃から私がやっていた牛乳配達を手伝い、必要なお金を貯《た》めました。

お金の価値も、モノの価値も感じにくい時代だからこそ、「モノはお金を払って買うもの」「ほしいものはお金を貯めて買うもの」という当たり前の感覚を子どもが小さいうちから身につけてやらないといけません。

43

求む、「小遣い制」の復活
必要に応じて渡したら金銭感覚が育たない

子どもの金銭感覚を身につけるため、「労働報酬制」とともに各家庭に勧めたいのが「小遣い制」です。昔は一般的だったと思いますが、最近は小遣い制の家庭が少なくなっているようです。

でも、小遣い制は子どもがお金について考えるには、格好のシステムだと思います。私が子育てをしていた時は学年プラス１００円を月の小遣いとして子どもに渡していました。小学1年生なら２００円、2年生なら３００円……、6年生なら７００円という具合です。今から40〜50年ほど前のことなので、金額は今の時代に合わせてもらって、ぜひ小遣い制を各家庭で復活させてほしいですね。

最近は、子どもが何かほしいものがある時にその都度お金を渡し、買ってあげる家が多くなったようです。これではなかなか金銭感覚は育ちませんし、お金のありがたみや価値も身につきません。

小遣い制にすると、子どもなりに使い道を考えるようになります。小遣いが月に

1000円なら1000円で1カ月過ごすために、好きなお菓子がいくつ買えて、好きな漫画を買うと残りはいくらになるのか。毎月半分ずつ貯金していけば、半年後にはいくら貯まって、何が買えるか。いろいろと思考を巡らせます。使い道を考えるなかで、いろんなモノの値段だけでなく、価値もわかるようになっていくでしょう。時には我慢も、あきらめることも覚えていくでしょう。

子どもがほしいと言っているのに、我慢させるのはかわいそう。友達もみんな持っていると言われたら、買ってあげないわけにはいかない。子どもが望むものはできるだけ買い与えてやることが、愛情や優しさだ……。そのように考えている親もいるかもしれませんが、私はそうではないと思います。子どもが近い将来、お金の使い方で失敗しないよう、使い方や価値を教えてあげることが親の務めです。

小遣いとしてもらったお金は労働で得たものではありませんが、子どもにとって自由に使うことのできるお金で毎月に入ってくる収入です。何に使うかは自分次第。高校生や大学生になり、アルバイトをして得るお金や、社会人としてもらう給料の使い道を考えるのと同じです。社会で出てお金でつまずかないよう、子どもには小遣い制を通してまっとうな金銭感覚や使い方を学んでほしいです。

44

塾通いは本当に必要？ 学校で教わるものは学校で身につけたらええ

ウルフには、塾や習い事に通っている子も多く在籍しています。ウルフも校外活動の一つですけど、私は基本的に「学校で教えてくれるものは、学校で身につけたらええ」と考えています。だから塾もスイミングスクールも通わなくていいと思っています。やることをやって、それでもまだ習いたいというなら塾に行ったらいいでしょう。でも、そこまで達していないのに何となく通うのでは意味がありません。

塾に通うとなれば当然お金がかかる。そこもしっかり子どもに理解させないといけません。親も「子どもが行きたいと言ったから」と、はい、はい、と簡単に聞いていたら子どものためになりません。私にも子育てのなかで塾にまつわる思い出が一つあります。徹が小学6年の時に「塾に行きたい」と言ってきました。「勉強なんかまったくやってなかった子がなんでや？」と聞いてみたら、「みんなが行ってるから行きたい」と。夏休みの夏期講習に行きたいということでしたが、私はしかり飛ばしました。

「その指にペンダコができるくらい勉強して、それでも『もっと勉強をしたいから塾に行きたい』と言うんやったらええ。ペンダコ一つない指で何を言うとるんや！　学校で机を並べてもやらんヤツが塾に行ったらやるんか⁉」

　後になって徹から「夏期講習に行きたいと言って、あんなに怒られるとは思わんかった」と言われましたが、「みんなが行ってるから行きたい」なんて気持ちで行って身につくものがあるは思えなかったのです。結局、その時は徹が「どうしても」と言い張ったのと、「そこまで言うならこれも経験、行ったら私の言うた意味もわかるやろう」と行かせました。そうしたら夏期講習の後、徹が「母ちゃんの言うた通りやった。何の役にも立たんかった」と言ってきました。それはそうでしょう。

　夏期講習の授業料は私の懐から出しました。お父ちゃんが働いた貴重なお金は使う気にはなれなかったからで、徹にも「母ちゃんが働いたお金で行ってこい」と言って行かせました。子どもは、あれもやりたい、これもやりたい、と言います。でも、そこで親が一回しっかり本人に考えさせる。「ほんまにやりたいんか？　今やれることをとことんやって、それでもまだやりたいんか？」と。それでもやりたい、と始めたことなら後になってしんどいことが起きても、自分が決めたことだから踏ん張れるでしょう。

　習い事一つでも、いい加減な気持ちで行ったらお金と時間の無駄。何にも身につかないと私は思います。

45
悩んで、悩んで、思いを伝えたら最後は後ろに流れる時を待つ

ウルフは毎週土日が練習日なので、金曜の夜になると我が家の固定電話が次々と鳴ります。連絡事項の確認や欠席の知らせの対応で夜が終わることもしばしばですが、内容的には私が聞けばいいだけのものがほとんどなので気楽なものです。

それ以外のタイミングで、思いがけず保護者から電話がかかってくるとドキッとなり、私のなかに悪い予感が走ります。そして、予感は残念ながら1年に数回は当たり、電話口の向こうからお母さんがこう切り出してきます。

「じつはウルフをやめようと思っていて……」

私にとっては聞くたびにビクッとなる、一番こたえる言葉です。１０２ページでも書いたように、こうした相談を受けた時、私は事情をしっかり聞いたうえで、「どうしたら続けられるか」という話をしていきます。でも、その場で結論が出ることはまれです。だいたいは「子ども本人ともう一度、しっかり話をしましょう」と電話を切ります。

それからは布団に横になっても、「何があかんかったんやろう」「最近元気なかったかな

あ」「もっと話を聞いてやってたら」と思いが巡り、眠れません。ウルフでやりたいと入ってきてくれた子どもに踵《きびす》を返させてしまったことが悔しいし、さびしい気持ちになります。周りからは「これだけ人数がいれば仕方がない。まして試合に出たいならやむなし」と言われもします。でも、なかなかすんなりそうは思えません。ウルフは勝ちを求めるだけのチームではないと自負を持ってやっているのに、試合に出られないからやめると言われると、「普通のチームと一緒やないか……」とむなしくもなります。

子どもが一人でもチームをやめてしまうと、しばらくは眠れなくなります。でもいつまでも落ち込んでいるわけにもいきません。落ち込んで落ち込んで、とことん考えたら、そのうちモヤモヤが後ろに流れていく瞬間がやってきます。これ以上考えてもどうにもならない。結論が出てしまったなら、事実を受け入れないと仕方ない。ようやくそうした気分に行き着くと「やっと、後ろに行ったか……」という感覚になって、いつも通り眠れるようになるのです。

できる限りの思いを子どもと保護者に伝えたら、最後は本人の決断。チームを去ると決めたなら、その気持ちを受け入れて、「次のところで頑張りや」と送り出す。そして、私も目の前の子どもたちと一生懸命野球をする日常に戻る。お互いに経験を生かして、頑張るしかありません。

忙しくても手軽に作れる
おばちゃん特製料理レシピ⑤

彩り野菜の甘酢漬け

材料／分量

セロリ	300g
大根	100g
パプリカ	100g
砂糖	100g
酢	100cc
ごま油	大さじ2
しょうゆ	大さじ1
塩	10g

**おばちゃんの
ワンポイントコメント**

甘酢を沸騰させてから野菜に一気にかけるのがポイントや。いつまでもカリッとした歯ごたえで楽しめます。酢の物は苦手な子どもが多いけど、甘酢漬けは食べやすいので常備菜にオススメやで。たくさん作り置きすると便利や。

作り方

セロリ、大根、パプリカは幅5mm、長さ4cmほどに切って、2%の濃度の塩水に約30分漬けておく。酢、砂糖、ごま油、しょうゆを鍋に入れ、沸騰させ甘酢を作る。水気を切った野菜に、沸騰した甘酢を一気にかける。

第6章

子どもへバトンを渡す親の覚悟

46
家族の胃袋をつかめ！ 食卓が健やかな子どもを作る

食は子育てにおいて非常に重要だと感じます。私はタッパーウェア（タッパー）の会社で仕事をするようになり、47年がたちます。特製のタッパーを利用した料理を広める仕事をしているうちに、自分でもどんどん興味が増し、今では料理への興味が止まらなくなっています。

「これをもう一晩寝かしたら味がどうなるか」「ここに酢を足したらどうなるのか」と考えて試すのが面白いのです。素材や調味料の組み合わせによって、味が何通りにも変化して仕上がりも変わる。「料理は化学」が私のモットーです。

約30年、地元の公民館や小学校で味噌作りも教えていて、家では漬物、梅干し、らっきょう、ポン酢、ジャム、海苔《のり》の佃煮《つくだに》……と何でも手作りをしています。豆腐も添加物なしで、自分で作ります。今の既製品の豆腐は味がしないと感じるものも多いですが、私が作る豆腐は昔ながらの味がしっかりしたもの。特製タッパーに５００ｃｃの豆乳と５ｃｃのにがりを入れて、電子レンジの２００ワットなら12分。これだけで完成です。にがりが豆乳の１００分の1という配合を見つけるのに苦労しましたが、今では豆腐を買うこともなくなりました。こういう発見が楽しくて、いつも何かを探しています。

1月にはウルフと友好チームみんなで食べるぜんざいを２００食作ったり、子どもの日には柏餅を３００個、中学3年生、高校3年生のＯＢ・ＯＧを集めたクリスマス会では、24センチのデコレーションケーキを4台。保護者の協力を得て作り上げます。

料理には子育てに通じるものを感じます。最初からうまくいくことはなく、試行錯誤の繰り返し。何とかおいしいものを作りたいと工夫するうちに少しずつ思っている味に近づいていく。いろいろな経験、失敗を積みながら学ぶ子育てに通じます。

食事を愛情を込めて作れば子どもはグレません。私の息子たちも反抗期に、数日ぶりに帰宅してもご飯はしっかり食べました。その姿を見るだけで安心しました。俗にいう「胃袋をつかむ」という感覚がありました。子どもたちにすれば、料理を通じて親の思いを感じることもあるでしょう。

私は味はもちろん、子どもの体にできるだけいいものをと思い作ってきました。今は便利なお店も増えましたが、食品の成分表示を見るとゾッとするものもあります。食は子育てを支える大きな柱。保護者のみなさんも忙しいでしょうが、愛情を込めて子どもたちの体にも心にも優しく、力を与えるご飯を作ってあげてほしいです。

47
子どもの運動力低下を防げ！ 後ろをついて歩かせるのも親の務め

私が子どもの頃や子育てをしていた頃は、町中でも子どもが親の後をついてよく歩いていました。今はそんな光景も変わって、町中でよく見かけるのは親が自転車の後ろにヘルメットをかぶった子どもを乗せて走ってる姿。電動自転車の後ろに小さい子を乗せて、お母さんが勢いよく走っています。

これは一つの象徴で、昔に比べて子どもが歩く機会がどんどん減っています。これも子どもの体の成長を思うと、あまりいいことではないでしょう。歩くということは子どもの脚を強くする基本動作です。それに大人の速度に合わせて歩こうとすると、子どもはどうしても急がないといけないので、小走りになったりもします。これがまた脚を強くするにはいい。だから近所に買い物に一緒に出るだけでも、運動能力を上げることにつながっていたはずです。

それが今はどうでしょうか。赤ちゃんが生まれるとおんぶにだっこから始まり、ベビーカーに乗って、次は親の運転する自転車の後ろに乗り、自家用車があれば車で移動。成長すれば子ども本人も三輪車や自転車にも乗るようになりますが、幼児期や小学校に通う時期に積極的に歩く機会はどんどん減っています。

乗り物を使えば親はもちろん楽になりますが、子どもの発達を考えるとなるべく多く歩かせたいところです。足腰の強さは健康の基本。体の基礎も5〜6歳、次は12歳、このあたりがポイントになってきます。目的を持ってしっかり歩かせないと、どんどん体力も運動能力も足りない子が増えていきます。

よく健康を維持するために「大人は1日1万歩歩きなさい」と言われます。小学生は1日に遊びも入れて6キロを走らないと体力がつかないという話を聞いたことがあります。遊び回る時間が子どもたちの基礎体力や運動能力を作っていくところもあるのですが、今はこの時間がなかなか取れなくなっています。

チームに入ってくる子どもを見ていると、腕の力もどんどん弱くなっているように感じます。バットを振ったり、ボールを投げたりする際の基本的な腕の力が弱いのです。ここにも生活習慣の変化が背景にあるのではないでしょうか。

私が感じているのは、マンションや団地に住む子どもが増えたことです。腕力と何が関係するのかと思われるかもしれませんが、マンションや団地はだいたい一つひとつの部屋が昔造りの一軒家に比べると狭いのです。部屋が狭いと、赤ちゃんはすぐ近くにあるものに手をかけて立ち上がるようになります。つまり、ハイハイの時期が短い。これが弊害になりかねないのです。

親は「もうつかまり立ちした」「もう立った！」「歩いた、すごい！」と喜びます。昔から「這えば立て　立てば歩めの　親心」という慣用句もありますが、子どもの成長はうれしいものです。しかし、今の子が早く立つのは、つかまる場所が多いから。本来はもっとハイハイをして、腕や体幹の強さを身につけないといけないのに、その時間が短くなってしまっています。

最近は運動会シーズンになると、よく組体操の話題が出ます。組体操でケガをしてしまう子どもが多いのは組体操が問題なのではなく、基礎的な運動能力のついていない子どもに組体操をさせるのが問題なのです。子どもの腕の強さがどんどん落ちてきてることもアクシデントが起きる一因になっているでしょう。

ウルフでもバットをしっかり振れない子どもが増えているので、腕立て伏せや手押し車、鉄棒など、昔ながらのトレーニングをして腕を鍛えるようにしています。

最近は夕方に外で走り回る子どもも段々減ってきました。これからは普通に生活していると、運動能力が落ちる一方。保護者が意識して、子どもが動くように仕向けないといけない時代です。当たり前のことですが、一定の運動能力があって損はありません。

保護者がしっかりと考えてやらないといけません。

動物世界では、たとえばチーターはあれだけの体になるために親が子を20キロ歩かせると聞いたことがあります。子どもが時速１２０キロのスピードで走れるようにしないと、大自然では生きていけない。そのために、親が努力して子どもに能力をつけさせているわけです。人間の親も子どもの体を強くするために、子どもが走り回って遊ぶ時間やそれに代わるものを考え、環境を作ってあげないといけません。

全国の小中学生を対象にした体力・運動能力テストの結果が毎年発表されますが、２０１９年の集計結果によると大阪府の小学生の体力部門は45位だったそうです。いろんな理由があるでしょうが、地方の子ども以上に歩く時間が減って、腕の力も弱くなり、運動能力が落ちているのかもしれません。もともと大阪の子は活発で動き回るイメージが強いですが、現実は変わってきています。

ぼんやり毎日を過ごしてると、動かない、動けない子になってしまいます。子どもをどうやって歩かせ、走らせ、遊ばせるか。大真面目に考えてあげてほしいと思います。

48
今だけを見て一喜一憂しないこと
子どもがいつ花を咲かせるかはわからない

子どもたちと一緒に野球をやって50年、驚きと発見の連続でした。ウルフに入ってきた時にはまともにボールも投げられず、打てない、捕れない……という子が、6年生になった頃には当たり前のようにゴロをさばき、ヒットを打つ。こんな選手を何人も見てきました。

ウルフは人数が多いので、なるべく試合に出られるようにと学年によってA、B（時にはCまで）とチームを分けています。今年中学2年生になる学年で、Bチームだった子たちなどウルフに入ってきた時は本当に技術のつたない子がそろっていました。どうやって野球ができるようなるか、どうやったら試合になるか。頭をひねってばかりでした。ところが6年生になると、地道にやってきた練習の成果が一気にプレーに出てきたのです。Bチームとして出場した北大阪大会ではなんと3勝を挙げました。見事なファインプレーを決めたり、タイムリーヒットを打ったり、見ていた私たちも保護者も驚き、大喜び。まるで優勝したように盛り上がりました。誰もが「まさかあの子らがここまでなるとは」と思う戦いでしたが、子どもはこんな底知れない力を秘めているのです。

振り返ってみると、これまでも子どもたちには何度も教えられ、驚かされてきました。ウルフではBチームやCチームにいた子が、中学や高校に上がって活躍するケースは本当に多いです。チームに入ってくるまで運動をほとんどしていなくて、ウルフで体を動かすことにも野球にも慣れて、中学、高校でもじわじわと伸び続ける。そして野球を始めた当初を知る者たちを大いに驚かせる活躍を見せるのです。

去年、大阪の中学軟式の大会で優勝した山田中学の4番打者が、ウルフのOBでした。ウルフではCチームにいて、Cチームでもたまに試合に出るような選手。それが3年もたつと大阪の優勝チームの4番打者ですから。これにもまた驚かされました。

早熟、晩熟という要因もあるでしょうが、これが子どもの持つ成長力であり可能性なのです。だから絶対に「これ以上はうまくならない」とか「この子はこんなもの」と決めつけないこと。私たちのような指導者はもちろん、見守る保護者もそう。間違った決めつけが子どもの成長、個性を殺してしまうのです。

子どもの今の姿で一喜一憂するのではなく、頑張った先にどんな花を咲かせてくれるのかを楽しみにする。そうやって日々の成長を見守ってほしいと思います。周りの期待の目が、またその子をより成長させる力にもなります。

49
生活習慣を見直そう 子どもの健康を守るための方法

子どもの運動能力が落ちていることに加え、生活習慣の変化によって子どもの体にさまざまな影響が出てきていることも心配の種です。

たとえば、今は正座をする習慣がなくなり、正座ができない子どもが増えています。正座をしようとしても足のカカトがお尻につかないのです。「正座なんかできなくてもいい」という人もいますが、本来できることができないことは体にとってよくありません。正座ができないということは、骨盤が寝て立たないということ。いずれ腰痛を発症する危険があります。運動をするうえで、動きが制限されるなどの影響もあるでしょう。

私は1日5分の正座を子どもたちに勧めています。ある時から「正座はヒザに負担がかかり、骨の成長にもよくない」という見方が一気に広がりましたが、たしかに長時間の正座はよくないでしょう。でも、一切やらないと弊害が出てきます。日本人が和式のトイレを使わなくなり、足首が硬くなったという話もあります。正座も1日5分程度ならカカトがお尻につき、腰痛のリスクを下げられます。さらに正座することで気持ちが落ち着き、姿勢がよくなる効果も期待できます。

今の時代は一つでも「よくない」という話が出ると、すべてが否定されてしまう傾向があります。たとえば日焼けがそうです。紫外線が体によくないと、外出時には帽子に日傘にアームカバーに手袋、日焼け止め……。そんなフル装備の女性を見かけますが、もしその女性が女の子を持つと同じような生活をさせるのでしょう。しかし、子どもは学校に行けば屋外で体育の授業があり、運動部に入ったら屋外での活動もあるわけです。そこでいきなり夏の日差しに当たる方が私は心配です。抵抗力や耐性をつけておくことは、生きていくうえで大事なのですから。それに紫外線を浴びることで作られるビタミンDは骨の形成を助ける成分とも言われていて、昔は赤ちゃんの骨を強くするために足の日光浴が大事とされていました。何事も程度の問題です。

あと、私が今の生活で何より心配なのは子どもの目です。小さい時からスマホやゲームを日常的に扱うことが増えています。近距離であの小さな液晶画面を長時間見ることが、目にいいわけがありません。スマホやゲームをやっていると姿勢も前屈みになり、首に負担もかかります。保護者が忙しい時に子どもをおとなしくさせるには便利なツールでしょうが、子どもの体を思うと使い過ぎには注意したいところです。

子どもたちの体を守るためにも、普段の生活習慣には常に気をつけましょう。

50

子どもは9褒めて1怒る 心底までえぐったらあかん

子どもの世界を見ていると、一昔に比べていわゆる「ヤンチャ」というタイプは減りましたが、いつの時代も一筋縄でいかないタイプはいます。

いくら言ってもなかなかこちらの思うように変わってくれず、苦労する子もいます。保護者でも時には声を荒らげてしかり飛ばしたくなることがあるでしょう。でも、そういう時であっても、子どものすべてを否定する物言いや、心底までえぐる言葉を向けてはいけません。心に大きなダメージを残すようなしかり方をしてはいけません。

私が手を焼かされるような子と接する時に思っているのは「9褒《ほ》めて1怒る」ということです。そういうタイプの子は普段から褒められることがまれで、だいたいいつも怒られているか小言を言われています。でも、どんな子どもでもいいところを探せばあるものです。だからまずはそこを見つけて、褒めてやる。9割いいポイントを探して本人に伝えてやりながら、残りの1割で問題を修正するイメージです。

「この間は一生懸命やっとったな。あれはよかったぞ」

「そこはお前のええところやから忘れるな」
「あとはここや。ここがちょっと変わってきたら、もっとようなるぞ」
あれもこれも否定するのではなく、できるだけいいところを褒めて、本人に自己否定ではなく自分を肯定できるものを見つけてあげる。そして問題のあるところだけを修正していく。誰でもそうですが、マイナス面ばかり言われると面白くないので、よけいに聞く耳を持たなくなってしまいます。

褒めてやることで聞く態勢を作ってあげるのです。怒ってばかりだと子どもの心に傷ばかりを負わせて劣等感を植えつけてしまいます。「俺なんかもうあかんわ、ここにおっても意味ないわ……」と投げやりになる方向に持っていってはいけません。

しかり方は大事です。だから悪い時だけ怒るのではなく、普段から子どものいいところもしっかり見つけて褒めてやりましょう。「悪いことは見逃さないけれど、いいところもしっかり見ているぞ」とわからせることで、信頼関係もできてきます。

ちょっと悪ぶっている子ほど褒めてやることが大事です。しっかり褒めて、きっちり正す。9対1の法則を実践してみてください。

51 99パーセントの子どもはウソをつく そういう生き物と割り切って付き合おう

子どもは可能性にあふれた社会の宝です。でも、その宝は時折平気な顔をしてウソをつきます。大人はこの性質をわかったうえで、子育てをしていかないといけません。さんざん子どもへの愛情を語っていた人間が、いきなり何を言うのか……と思われそうですが、これがまた子どもというものなのです。

「僕は悪くないのに、先生に怒られた……」

「僕は何もしてないのに、仲間外れにされた……」

本当は自分にも何かしらの非があったとしても、子どもが自分にとってのマイナス情報を抜いて親に報告することがよくあります。保護者でも、自分の幼少時代を思い出せば心当たりがあるのではないでしょうか。子どもは小さなウソをついてしまうのです。

息子の徹が子どもの頃に、学校の友達に悪さをしたという話が入ってきました。情報からほぼ間違いないという内容でしたが、徹に問いただすと「俺はやってない」と堂々と言い張りました。「ほんまやな?」と聞いても「ほんまや」。最後にダメ押しで「ほんまにほんまのこと言えよ。母ちゃんの目を見て言ってみ」と言っても、私の目をじっと見て「ほんまや」。だから私も、「そこまで言うなら、わかった」と信じたのです。

ところが後になって、これが真っ赤なウソとわかったのです。私の目をしっかりと見ながら、堂々とウソをつき通したのです。

大人になってから徹が「子どもが親にウソをつく時は、命がけくらいの必死さでいくんや」と言っていて、なるほどと妙に納得してしまいました。子どもはそういう一面を持った生き物なのです。

徹が監督をしていたチームの子どもが、3週間も連絡もなく練習に来なくなったことがありました。ある時、その子のお父さんがグラウンドに来て初めて、息子が来てないことが発覚しました。お父さんは「息子は毎週家を出て、帰ってきた時にはユニホームも泥だらけだったのに……」と驚いていました。

じつはその子は、練習日にスーパーのゲームコーナーで夕方まで遊んだ後、横の公園でスライディングをしてユニホームを汚して家に帰っていたそうなのです。後になってこれを聞いた徹は、本人に「お前、4週間も大人をだませたんか。たいしたもんや」と言ったそうです。この子の気持ちがわかったのでしょう。

私もウソに関しては自分の子どもやウルフの子どもとの攻防を通して、かなり鍛えられました。長男が高校の時にはこんなこともありました。本人が学校へ行っていた時間に、たまたま机の上を見たら今日持っていっているはずの教科書がどっさりと置いてあったのです。あれ？　と思い、ハンガーにかけてあった洋服を見ると、朝に着ていった制服の他によく着ている普段着もありません。そこで、「これは学校に行ってないな」とピンときました。夜に帰ってきたところで「親の作った弁当をどこで食べとったんや！」と、どやしつけました。するとはじめは平然と「学校で食べたわ」と言い返していたのですが、一つひとつ証拠をあげて詰めていくと観念し、白状しました。やはり学校をサボって、単車の免許を取りに行っていたのです。それからまたしかり飛ばしました。

放っておいてもいいウソと、そうでないウソがあります。時には徹底的に追及して、大人が子どものウソを見破らなければいけません。そうしないと、子どもが味をしめてどんどんウソを重ね、内容もエスカレートしていくからです。だから要所では大人の力を見せ、現実をしっかりとわからせないといけません。

一方で、私にはウソについてこんな苦い思い出もあります。私自身が同級生からいじめを受けていた小学生時代のある時、いじめっ子たちは私がある子の親の悪口を言ったと先生に吹き込んだのです。もちろん、私はそんなことは言っていません。しかし、先生に信じてもらえず、私がウソをついた形にされ注意を受けました。私はその先生のことが大好きだったので、信じてもらえなかったことに強いショックを受けました。今もそのことは心の傷として残っています。

だから親の場合はなおのこと、まずは子どもの言葉をしっかりと聞くこと。目をしっかりと見て判断し、そのうえでウソを見抜く時は見抜かないといけません。

でも、「この子は大きく道を外すようなことはしないはず」といった根本的な部分では子どもを信じてやることも大事です。そして信じるためには、普段から信じてやれるだけの子育てをしておかなければいけません。

保護者の多くは、子どもに対して「ウソだけはつくな」と言い聞かせて育てているでしょう。「だからウチの子に限ってウソはつかない」と信じたい、あるいはそう思いたい心情もよくわかります。でも、残念ながら子どもは小さなウソをつく生き物です。そう甘いものではありません。

とはいえ、そんな性質を理解したうえで接すれば、違ったアプローチができると私は考えています。

52
子どもの姿は我が身の写し鏡
親は子どもの見本にならなあかん

ウルフのように大人数で活動しているチームに新しく子どもが入ってくると、もちろん最初はドキドキして戸惑っているものです。でも、すぐに周りの動きを見て、あいさつや行動をマネしながら覚えていきます。

子どもというものは、見たもの、聞いたものをすぐに覚えます。言葉でも歌でも習慣でもそうで、この覚えの早さにはいつも驚かされます。

覚える、マネる、という点で子どもがもっとも影響を受ける相手はやはり親でしょう。生まれた時から親の言葉を聞き、動きを間近で見ながら子どもは成長していくのですから当然です。だからこそ、親は常に子どもに見られていることを意識し、自分の言葉や行動が子どもに影響すると自覚しなければなりません。

子どもがわがままになって身勝手な行動が増えたり、言葉が乱暴になってきたり、あるいは学校などで問題を起こすようになった時。親は先生や学校に不満をぶつけるのではなく、まず一度、自分自身の言動を振り返ってみるといいでしょう。自分のことはさておいて子どもをしかったり、求めてばかりしていないか。不平不満ばかりを口にしていないか。ちゃんと子どもの手本になっているか……と。

私自分のことを思い返しても、知らず知らずのうちに、「あ、これはお母ちゃんの言ってたことや」と思うことがあります。たとえば、１０６ページでも書いたように、私は息子たちが学生時代にしばらく家を空けて帰ってきても「おかえり」としか言いませんでした。あるいは何か注意するような時も、要点を一言ポンと言った後は、息子から言葉が返ってきても言い返しませんでした。これらも思い返すと、母親が私に対してそうだったのです。母はしつけに関しては厳しかったのですが、私と言い争いになることはまずありませんでした。私が反論しても、母が言い返してこなかったからです。気持ちが高ぶっている時に言葉を返しても、言葉をぶつけ合うだけだとわかっていたのでしょう。私がソフトボールの合宿などでしばらく家を留守にする時も、いつ帰ってくるとか、どこに行くかをくわしく聞くわけでもなく、帰った時には「おかえり」の一言だけでした。知らず知らずのうちに私は母の影響を受け、子育てをマネていたわけです。

親子の間ではこんなことが山ほどあるのでしょう。それだけ子どもにとって親は影響を与えるものなのです。だから親は子どもにとってのいい見本となるよう、常に意識して過ごさなければなりません。

53
物欲がない現代の子どもたち あえて我慢を覚えて生きる力に

今が裕福な時代か？　と聞かれたら少し考えてしまいます。もちろん、私が子ども時代を過ごした戦中、戦後の時代に比べれば考えるまでもなく裕福になったと言えます。でも、高度経済成長期のような活気や将来へ向けた明るい展望もありません。もちろん、バブル時代のような景気のよさも感じられません。厳しい思いをしながら、日々暮している家庭も多いと思います。

ただ、子どもたちにとってどうか、と考えるとそこは豊かな時代だろうと思います。着る物や食べ物で困ることはめったにないでしょうし、おもちゃもゲームなど遊ぶものも世にあふれています。子どもの数が減っていくなか、両親や祖父母から大事に大事に育てられ、いろんなものを買い与えられることも多いでしょう。

しかし、そんな状況を見ていて感じる一つの不安があります。それは最近の子どもたちに物欲がなくなってきたのではないか、ということです。

私が生まれ育った時代はとにかく貧しかったので、食べる物、着る物からすべてを欲していて、まさに物欲だらけでした。小学生の時の弁当はやせ細ったさつまいもが3本とか、夕ご飯も白ご飯がなく豆だけとか、そんな時代でした。いつも「あれがほしい、これもほしい、あれも食べたい、これも食べたい」と思いながら暮らしていました。

私だけでなく、社会全体が飢えていました。でも、その環境で一人ひとりにハングリー精神が育ち、戦後日本のたくましい復興につながっていったのだろうと思います。

物欲はエネルギーの源です。大人でも物欲があるから「仕事を頑張ろう」と意欲が生まれることもあるでしょう。子どもにとっても「あれがほしい、これを買いたい」という思いが何かを頑張る力になりますし、我慢も覚えます。我慢をするからまた一段とほしいという思いが育っていく。これが健全なサイクルだと思います。

でも、今の時代はこの流れが崩れています。菓子やおもちゃを買ってもらえず、町中でひっくり返って泣いているような子どもの姿を見かける機会も減りました。１４２ページでも書きましたが、スーパーで保護者が持っている買い物カゴにほしいお菓子を入れれば、すぐに自分のものになるわけです。子どもに「ほしいものは簡単に手に入る」という感覚が育っているように見えます。ほしいものを得るために何かを我慢するという、我慢のハードルも今はどんどん低くなってきているのではないでしょうか。

私が小学生の頃にどうしてもほしい30銭のアメがあって、１円の小遣いを握り締めて隣町の駄菓子屋まで時間をかけて歩いて行ったことがありました。煎《い》り豆がなかに入った大きなアメがとんでもなくおいしいという友達の話を聞いて、どうしても食べたくなったのです。１円の小遣いがもらえる日をひたすら待って、買いに行きました。やっとたどり着いた駄菓子屋で30銭を払って食べた時のあの味は、今も覚えています。口いっぱい頬張りながら、また来た道を歩いて帰りました。本当においしかったです。

私の幼少時代にはモノがなかったからこそ、買い物一つにもそんな感動もついてきました。「あぁ、ほんとにおいしい」と心から思えたからまた食べたくもなり、「世の中にはもっとおいしいものがあるのだろう」と想像して、もっといろんなものを食べたくなったものです。自分が働くようになってからも、「あれを買いたい、これを食べたい」とほしいものは次から次に頭に浮かんできて、「よし、次の給料であれを買おう。それまでは大変だけど仕事を頑張ろう」と思えました。

今は何を食べてもそこそこおいしいし、手頃な値段のものもいろいろとあります。いつでもそこそこのものが手に入る時代では、健全な物欲が育ちにくく、生きるためのエネルギーが満ちていかないのかもしれません。そんな怖さを感じます。

時代や環境の問題でもあり難しいところですが、子どもの成長を考えた時に物欲が育たないことはいいとは思いません。保護者は子どもに簡単に与えるばかりでなく、子どもに我慢も覚えさせながら「健全な物欲」を育ててあげてほしいです。それが社会で頑張る力、生きるエネルギーにもつながっていくわけですから。

54

子は社会の宝
大人は覚悟を持って育てなあかん

大好きな野球を大好きな子どもたちに囲まれてできたら、こんな幸せなことはない。約50年前にそう思って、お父ちゃんとウルフを作ってここまでやってきました。いつも子どもたちから元気をもらってきましたが、一方では子どもを預かる責任を背中に感じながらの日々でもあります。かかわっているのはこの先、社会を背負っていく子どもたち。まして人としての基礎・基本が作られていく大事な時期にかかわるわけです。

私は学校の先生ではないので、保護者や子どもとことん突っ込んで話をすることができます。今の時代、学校の先生たちは一人の子どもや保護者と徹底的に向き合うことが年々難しくなってきていると思います。子どものためによかれと思った言動でも、場合によっては保護者や各方面から批判を浴びかねない時代です。その点、どこにも属していない、ただの「おばちゃん」の私は、子どもや保護者ととことん本音でぶつかり合えるのです。ここは任意団体のよさでしょう。

しかし、私の後ろに何もないということは、別の責任がのしかかってきます。子どもを預かるということは、子どもの命を預かるということでもあります。この大きな、大きな責任がすべて私の肩にのしかかってくるのです。

ウルフとしての活動中に、もし子どもに何かあったら……という恐怖は常に頭にあります。たとえば、他のグラウンドで試合をするとなると、保護者の車で送迎してもらうことも多くなります。そんな時は最後の一台が帰ってくるまで落ち着きません。

振り返ればこれまで50年近く、１２００人を超える子どもたちとかかわってきたなかで、いろいろなアクシデントがありました。私も何回救急車に乗って、子どもの横で祈るような気持ちで病院に向かったことがあったか。ケガや事故は本当に怖いです。

子どもたちも指導に携わる大人も、年間８００円でスポーツ安全保険という保険に入っています。これはスポーツをやっている時や、それにかかわる行事中にケガをした時に、１日１５００円までの保険金が下りる仕組みです。このスポーツ安全保険に助けられたことが何回もあります。しかし、お金だけでは補えないものもあります。

今、思い出しても心が痛むケースがいくつかありました。練習中に目にボールが思い切り当たってしまったお父さんもいました。最初は両目ともまったく見えないという状況で本当にどうしようか……と心配で仕方がありませんでした。その後、徐々に視力が回復して視力は０・５付近まで戻りましたが、つらい出来事でした。

試合のイニング間に、審判員にお茶を運びに行ったお母さんのこめかみにボールが当たったこともありました。手にしびれが出てしばらく仕事に行けなくなり、休業証明を出してもらったりしながら対処し、その後、回復しました。いくら注意をしていても思わぬことが起きてしまう。そういう時は心が締めつけられる思いがします。

サッカーゴールに頭をぶつけて、グラウンドで吐いた子もいました。救急車で運んでいる途中にもまた吐いてしまい、頭のなかが大変なことになってるんじゃないか……と心配しながら病院まで行きました。検査結果が出るまで気が気じゃなかったですが、幸い大事には至らず。結果を聞いた時にはホッとして全身から力が抜けました。

他の選手が振ったバットが顔に当たり、縫った子もいました。その子は処置が終わった時にはピンピンしていたのですが、病院に駆けつけたお母さんの気が動転して気分が悪くなり、回復するまで子どもも帰れませんでした。

最近の保護者、とくにお母さんは子どものケガに慣れていません。私は子どもが5人いますが、野球観戦へ行って壁に突っ込んで大ケガをしたり、骨折もありましたし、失明の危機や青大将にかまれて救急車騒ぎになったこともありました。時代が時代でもあり、最近の保護者に比べて子どもがケガをすることへの慣れはあったでしょう。とはいえ、親はいつの時も子どものことが心配なもの。まして私から突然電話がかかってきて、

「子どもが救急車で運ばれている」なんて聞けば、心配でたまらないことでしょう。

その大事な命を毎年百数十人分預かっているのですから、覚悟を持ってやらないわけにはいきません。ただ、大事に至らないことをいつも願いながら、現実的にこうした事故やケガをゼロにすることはできません。私たちのようなチームはボランティアで運営している任意団体。もし活動中に子どもが事故にでもあえば、すべて責任は私のところにきます。学校の場合は教育委員会や市や府など責任が分散されるケースもあるでしょうが、私たち任意団体はすべてチームの責任、最終責任者の私のところにきます。

チームとして子どもを預かるということは、子ども一人ひとりの人生にかかわるということでもあり、命を預かるということでもあります。だからこちらも命がけ。決してオーバーではなく、いつもその覚悟を持ってグラウンドに立っています。そして、その思いがあるから子どもに対しても、保護者に対しても本気で向き合えるのだと思います。

仕事として考えれば、まったく割に合わないものでしょう。しかし、健全な子どもたちを育てるために、私たちのような組織は必要だと自負しています。各家庭、学校、そしてボランティア団体がそろって、地域で子どもたちを育てていく。かかわる大人たちは常に覚悟を持っていなければなりません。

55
野球がうまくなるだけやない グラウンドで人生を学ぶべし！

社会で働ける人間を作る。子どもたちに生きる力をつける。ウルフはここを第一に約半世紀、活動を続けてきました。こうした目標を持って取り組めたのも、野球というスポーツが人の道を学ぶには適していたからだと思います。

子どもたちとグラウンドでボールを追いかけてきたこの50年、私もあらためて野球の素晴らしさを感じてきました。

そもそも野球は、人間教育の一環としてアメリカから東大に伝わってきたという話を聞いたことがあります。真偽のほどは定かではありませんが、私は単純にその話を耳にした時に、「なるほど」と納得したことを覚えています。

その後、日本式にアレンジされた部分はあったにしても、思えば野球には人間作りにふさわしい要素がたくさんあります。試合開始前には一礼し、終了直後にも一礼。野球は礼に始まり礼に終わるスポーツで、指導者も普段からあいさつ・礼儀には力を入れて子どもたちに伝えてきたと思います。

また野球はルールが非常に細かく、厳密です。ルールブックには何百もの野球規則がぎっしりと記されていますが、これほど詳細に定められたスポーツが他にあるのでしょうか。

私はルールもしっかり勉強したいと思い、少年野球の審判の資格を取っているので、野球のルールは頭に叩き込まれています。ありとあらゆるケースまで想定して作られていて、ラフプレーやルール違反が限りなく少ないのも野球の特徴でしょう。その点でも人の道を教えるには適したスポーツだと思います。

余談ですが、ルールについてあまり知られていない話を一つしておきましょう。野球のルールには「ペナルティー」というものがあります。通常、一つのルール違反に対してワンペナルティーというのが野球の原則です。走者がいる時に投手がボークを犯せば、走者に一つの進塁が認められる。走塁妨害の時も同じです。そのなかで唯一、二つのペナルティーが認められるプレーがあります。それは走者三塁で、投手がスクイズを防ぐために打者の背中の後ろにボールを投げたケースです。これは反則行為と見なされ、三塁走者はホームイン、打者も一塁出塁と、守備側からすれば二つのペナルティーを科されるのです。

こうしたさまざまなケースまで対応した厳密なルールにのっとって試合は行われ、選手たちは勝利を目指し、チームのために動きます。選手にはポジションや打順があり、控えメンバーを含めてそれぞれにチーム内での役割があります。チーム競技なので「チームが勝つために自分は何をすべきか」と考えを持って動くのが野球です。

試合のなかでは相手を注意深く観察したり、試合の流れを読んだり、時には記憶力など頭脳も鍛えられます。野球が「頭のスポーツ」とも言われるゆえんです。また、厳しい練習中には耐える力や続ける力が養われ、負けん気や根性、あるいは仲間を思いやる気持ちも芽生えます。健やかな心も育っていくでしょう。

子どもたちは試合に出たいと思ってやっているでしょうし、保護者も自分の子どもに何とか試合に出てほしいと思っているでしょう。しかし、試合で打った、投げた以外のところにも学ぶべきものが多くあるのが、野球の魅力でもあります。試合には出られなくても仲間のために大きな声を出し続けて励ましたり、チームのために率先してバット引きをしたり、グラウンド整備を丁寧に頑張ったり……。こういうことがしっかりできる子どもが、将来社会で働ける人間に育っていってくれると信じています。

私の三男であり、ウルフの総監督でもある徹から、「おばちゃんが子どもたちに口酸っぱく言うフレーズのなかで、一番多いんちゃうか？」と言われることがあります。それは「葉っぱ一枚の努力」という言葉です。

地面に落ちた一枚の木の葉を見て、それが山になるとイメージできるでしょうか。ほとんどの子どもはイメージができません。でも、葉っぱを一枚一枚積み上げていけば、大きな山になるのです。今は「塵も積もれば山となる」という言葉のほうが、ピンとくる人が多いかもしれませんね。

こらえ性のない子どもが増えている現代では、「無理や」と思えばすぐにあきらめてしまう子どもが多いように感じます。でも、小さな積み重ねが大きなものになること、だから努力をおこたってはならないことを大人が伝えていかなければなりません。

野球というスポーツには、人生につながる教えがいっぱい詰まっています。体を鍛え、技術を磨くことはもちろん、子どもたちにはそれ以外のところにも目を向けて、野球を学んだ経験をこの先の人生につなげてほしいと思います。

プロになるためでも、甲子園に出るためでもない。社会に出た時に働けるよう、厳しい社会を生き抜いていけるよう、そのための野球なのです。将来「あぁ、野球をやっていてよかった」と心から思えるように、子どもはあいさつ・礼儀からしっかり取り組み、保護者は子どもの今だけを見るのではなく、未来も見ながら支えてやってください。

NIKE

2019年度の山田西リトルウルフの団員数は、6学年合わせて約140名。野球の競技人口が激減するなか、驚異的な人数だ。最盛期には200名以上の団員がいた

ウルフをともに立ち上げた、おばちゃんの最愛の夫でもある棚原長一さん。大病から回復し、現在はリハビリ生活を送っている

おばちゃんの料理の多くは、電子レンジを活用するのが特徴。「料理は化学」をモットーに、本格的な豆腐まで手作りする

おばちゃんの三男であり、現在はチームの総監督を務める棚原徹さん。徹さんもグラウンドでは「おばちゃん」と呼ぶ

おばちゃんの自宅には、特製の容器に入れられた漬物が大量に置かれている。人から頼まれて作っているものもあるとか

特別コラム

コロナ危機は子育てのチャンス！ 外出できない日々を「家事を身につける」きっかけに

２０２０年5月現在、世の中は新型コロナウイルスの出現によって、とんでもないことになっています。ウルフで活動を始めて半世紀になりますが、これほど長くグラウンドから離れたことはもちろん初めてです。

現時点では、いつ元の生活に戻れるかも予想がつきません。我が家にはリハビリ中のお父ちゃんもいますし、私も世間的には立派な高齢者。いつもは誰より人好きな私も今は人と会うことを控え、最低限の買い物以外は外に出ることなく、家にこもっています。ただ、平常の暮らしが戻った時に足腰が弱っていては大変なので部屋のなかで足踏みをしたりし、できるだけ動くようにしています。

そんなことをしながら、テレビを見ていると「コロナの影響で今後離婚が増えるのでは？」という特集をやっていました。旦那さんが終日家にいることで夫婦間のもめ事が増え、挙句に別れるということのようです。「何でそんなことで離婚になるの？」となかばあきれながら見ていたのですが、今度は「子どもがずっと家にいることでお母さんのストレスがたまる」という内容になり、また首をひねりました。

子どもが家にいるのは春休み、夏休み、冬休みといった長期休みも同じですが、今回は外へ遊びにも行けず、野球などの校外活動や習い事に出かけることもなく一日中家にいることになります。お母さんはその間、ご飯を三度作らなければならず、いつまでこの生活が続くかわからないモヤモヤもあり、どんどんストレスをためている……。そんな話でした。家庭の形はそれぞれですが、私はお母さんに負担がかかり過ぎている状況が不思議でなりません。私なら「子どもが家にいれば、私の仕事が減って楽になる」と喜ぶだろうと思うからです。

棚原家では、小学校低学年の子どもであっても家の用事をしっかりさせてきました。ウルフでも日頃から家の手伝いをするよう口酸っぱく子どもたちに言っていますから、ウルフの保護者と電話で話しても、「子どもがお米を洗って炊いてくれる」とか「洗濯物を取り込んでくれる」といった話を耳にします。私の感覚ではこれが当たり前なのです。

子どもは家のなかで貴重な労働源にならないといけないのに、子どもが家にいることがお荷物になっている家庭が大半だとすれば残念な話です。これまで子どもに何もさせてこなかったツケが、図らずもコロナ騒動で出てしまったのかもしれません。

子どもは小学校低学年でも教えれば洗濯もできます。掃除も風呂を沸かすことも、ご飯の準備や後片付けも、近くにスーパーがあれば買い物に出ることもできます。その気になればできることがいくらでもあるのに、何もさせない保護者が多いのです。勉強や習い事は熱心にさせても、家の手伝いはさせていない。今の若い保護者と話をしていると子どもに家の用事を手伝わせるという発想自体がなく、驚かされます。

それにしても、なぜ家の手伝いをしない子どもを育ててしまうのでしょうか。どうしてそこに疑問を感じないのでしょうか。今時のお母さんのなかには、子どもを生んだら「あとは保育園や幼稚園が面倒を見てくれる」という感覚の人がいます。人間形成にも大きくかかわる、しつけの部分を他人任せにしてしまうのです。子どもをしつけ、育てるには手間がかかります。家の手伝いでも、子どもにさせるとかえって手がかかって、面倒という声もあるでしょう。でも、手間をかけて教えていかないと子どもは育ちません。

本書で再三にわたって書いたように、動物の世界では親が子にしっかり生きるための術を教え、知恵を授けます。ここを面倒臭いと親が考えたら、自然界では子が死んでしまうのです。人間の親も面倒がらずに子に教えるべきことを伝えていれば、今回のような非常時にも子どもが家庭内での大きな戦力になり、家族を助けてくれるはずです。もし共働きでお母さんが働いている場合でも、帰宅した時に掃除も洗濯もすみ、あとはご飯を作るだけ、と子どもたちが率先して段取りしてくれていたら、どれだけ楽でしょうか。精神的にも大いに助けられることでしょう。

逆に手伝い一つできない子どもが大きくなると、こらえ性のない大人になりかねません。将来の家庭生活がうまくいかなかったり、離婚の原因になるケースもあるでしょう。「三つ子の魂百まで」と言いますが、子どもの時に何を身につけるかは本当に大事なことです。たかが家の手伝いと思わず、保護者はこの機会にこれまでの家庭生活を振り返り、もし子どもに何もさせてこなかったのなら「これじゃあかん」と気づくきっかけにしてほしいのです。子どもとしても例年の長期休みと今回とでは気分も違うでしょうし、世間の緊迫した空気も子どもなりに感じているはず。ウルフの保護者にも電話を通じて「今がええチャンス。この時期に子どもたちにしっかり家の用事をやらせなあかんで」と言っています。

今の苦しい状況は決して望んだものではありませんが、コロナ騒動によって各家庭では親子で過ごす時間が劇的に増えました。保護者はストレスを抱えながらダラダラと過ごすのではなく、子どもたちが家庭の労働戦力となっていけるように育てるチャンスです。そして、家庭の手伝いを通じて子どもたち自身が成長していけるように、この時間を生かしてほしいと思います。

おわりに

日本万国博覧会が開かれた2年後の昭和47年（1972年）。万博記念公園からほど近い吹田市の集合団地に家族7人で引っ越してきたところで、お父ちゃんとウルフを作りました。団員募集のチラシを配り、はじめにメンバーになってくれたのは近所で壁当てをしていた、小学6年生から幼稚園児までの10人の子どもたち。時折ヘビも出てきた近所のグラウンドで活動を始め、もうすぐ50年になります。

1期生が60歳を超えたと聞くと、「長いことやってきたなぁ」と感じますが、私の感覚では本当にあっという間でした。私が言ってきたことやチームで取り組んできたことも、基本の部分は今も変わりません。私にすれば当たり前のことを言って、当たり前のことをやってきただけです。しかし、それがいつの頃からか、「おばちゃんの話は面白い」「こんな話をしてくれる人は珍しい」と言われるようになりました。

今回書籍の話をいただいた時も、まず「私の話でええの？」と思いました。でも、私にこういった話がくるということは、当たり前に継がれていくべきものがどこかで途切れてしまったということなのでしょう。この50年を振り返っても、子どもの世界も親の価値観や気質まで大きく変わりました。子どもを育てるのも何かと難しい時代になってきたことはたしかです。ただ、子ども自身はいつの時代も変わりません。可能性を秘めた社会の宝。大人が愛情を持って接してやれば、それに応えて成長を見せてくれます。その変化に触れることを楽しみに、半世紀もの間、野球を通しての子育てにかかわってきたように思います。1200人の卒団生と5人の我が子を育ててきた体験が、少しでも広く子育てにかかわる大人たちのお役に立てるならうれしい限りです。

私にとっての「当たり前」を本にしようと考え、動いていただいた集英社の方々をはじめ、関係者のみなさん、ありがとうございました。私が言ってきたことの多くは本来、家庭で教えるべきことです。この本で書いたことが各家庭の当たり前になって、世に生きる力を持った子どもが増えてほしい。そのために私ももうしばらくは減らん体を動かし、大事なことは100万べんでも言って、頑張りたいと思います。

「おばちゃん」こと棚原安子

棚原安子　たなはら やすこ

1940年、大阪府生まれ。ソフトボール選手として実業団でプレーした後、1972年に吹田市で夫と少年野球チーム「山田西リトルウルフ」を立ち上げる。以来、「おばちゃん」としてチームを率い、2016年には全国大会に出場。現在も自らノックバット片手にグラウンドを駆け回る。その独特の指導哲学とお金をかけない運営方針が評判を呼び、メンバーは最盛期で約200名、現在も約140名と大盛況。チームOBにT−岡田（オリックス）。電子レンジをフル活用した料理研究家としての顔も持つ。４男１女の母。

親がやったら、あかん！
80歳“おばちゃん”の野球チームに学ぶ、奇跡の子育て

著者　棚原安子
2020年5月31日　第1刷発行
2023年4月８日　第3刷発行

発行人　樋口尚也
発行所　株式会社　集英社

〒101-8050
東京都千代田区一ツ橋2-5-10
編集部　03-3230-6206
販売部　03-3230-6393（書店専用）
読者係　03-3230-6080

印刷所　凸版印刷株式会社　　製本所　ナショナル製本協同組合

構成　谷上史朗
装丁　アベキヒロカズ
写真　石津昌嗣
編集　菊地高弘　内山直之

2020, Printed in JAPAN
ISBN978-4-08-790007-1　C0037